HANS-HERMANN POMPE / PATRICK TODJERAS / CARLA J. WITT

FRESH X – FRISCH. NEU. INNOVATIV

UND ES IST KIRCHE

neukirchener
aussaat

Bibliografische Information der Deutschen Nationalbibliothek

Die Deutsche Nationalbibliothek verzeichnet diese Publikation in der
Deutschen Nationalbibliografie; detaillierte bibliografische Daten sind im
Internet über http://dnb.d-nb.de abrufbar.

© 2016 Neukirchener Verlagsgesellschaft mbH, Neukirchen-Vluyn
Alle Rechte vorbehalten
Umschlaggestaltung: Andreas Sonnhüter, www.sonnhueter.com, fresh X
Deutschland
Lektorat: Ekkehard Starke
DTP: Breklumer Print-Service, www.breklumer-print-service.com
Verwendete Schrift: Futura, Sabon
Gesamtherstellung: Hubert & Co., Göttingen
Printed in Germany
ISBN 978-3-7615-6259-8

www.neukirchener-verlage.de

INHALT

VORWORT

Nachdem in dieser Reihe bereits die Übersetzung von „Mission-shaped Church"[1] und die Dokumentation der Konferenz „Gemeinde 2.0"[2] sowie der mit vielen Praxis-Beispielen bestückte Band „Gemeinde im Kontext"[3] erschienen sind, nehmen wir nun – fast fünf Jahre nach der Konferenz „Gemeinde 2.0" – den Ball wieder auf und legen mit dieser Aufsatzsammlung einen neuen Grundlagenband zu *fresh expressions of church* vor. Darin wird das Phänomen *fresh expressions of church* – und vor allem seine Entwicklung im deutschsprachigen Raum in den letzten fünf Jahren – von ganz unterschiedlichen Seiten beleuchtet und dargestellt. Dabei ist dieser Band zum einen ein „Zusammenführen", da mehrere Beiträge bereits an anderen Orten erschienen sind oder als Vorträge gehalten wurden. Zum anderen ist er eine geordnete Einführung in die Gedanken der englischen Bewegung, in die Rezeption im deutschsprachigen Raum und in die deutschen Entwicklungen der letzten Jahre.

In gewissem Sinn ist der Beitrag von Steven Croft, den er als Vortrag auf dem Deutschen Evangelischen Kirchentag 2015 in Stuttgart gehalten hat, der Anstoß gewesen, dieses Buch zu konzipieren. Nachdem das Thema *Fresh X* auf dem Kirchentag vertreten war und vielen Besuchern Impulse für ihr Denken und Wirken gegeben hat, sahen wir den Moment gekommen, um mit diesem Band den Status quo der *Fresh X-Bewegung* im deutschsprachigen Raum festzuhalten.

Die inhaltliche Auswahl der Beiträge erfolgte besonders nach zwei Kriterien. Erstens war es uns wichtig, derzeit wesentliche Impulsgeberinnen und Impulsgeber in der deutschsprachigen *Fresh X-Bewegung* zu Wort kommen zu lassen. Die Autorinnen und Autoren repräsentieren dabei einen (wie so oft unvollständigen) Querschnitt der Akteure in der *Fresh X-Landschaft*. Vertreten sind evangelische – landes- wie freikirchliche – und katholische Autorinnen und Autoren. Zweitens sind die inhaltliche Auswahl und Themenbestimmung so vorgenommen worden, dass sie für den deutschsprachigen Leser eine möglichst breite Einführung ergeben, die aber nur ansatzweise und bruchstückhaft repräsentativ sein kann.

---

[1] Herbst, Michael (Hg.): *Mission bringt Gemeinde in Form. Gemeindepflanzungen und neue Ausdrucksformen gemeindlichen Lebens in einem sich wandelnden Kontext*, Neukirchen-Vluyn 2008.
[2] Hempelmann, Heinzpeter / Herbst, Michael / Weimer, Markus (Hg.): *Gemeinde 2.0. Frische Formen für die Kirche von heute*, Neukirchen-Vluyn, 2. Auflage 2013.
[3] Moldenhauer, Christiane / Warnecke, Georg (Hg.): *Gemeinde im Kontext. Neue Ausdrucksformen gemeindlichen Lebens*, Neukirchen-Vluyn 2012.

Zum Aufbau des Buches

Zuerst kommen unsere englischen Impulsgeber zu Wort. Danach wird neben grundlegenden Begriffen die derzeitige deutschsprachige Situation erfasst und dargestellt. Besondere Aufmerksamkeit wollen wir in diesem Band auf die Impulse, Herausforderungen und Möglichkeiten für den deutschsprachigen Raum richten. Diese sind bewusst praktisch und inspirierend formuliert. Zuletzt soll ein Blick in die Zukunft der Kirche vor allem in Deutschland - zuerst bis 2017 und dann darüber hinaus - Weichen für morgen stellen.

Es war uns als Herausgeberteam wichtig, die englischen Beiträge von John Finney und Steven Croft auf Deutsch zu veröffentlichen, um die wertvollen Gedanken einer breiten deutschsprachigen Leserschaft zugänglich zu machen.

Dieses Buch umfasst 13 Aufsätze, die eine Bandbreite von Themen zu *fresh expressions of church* ermöglichen:

Zu Anfang fasst **Steven Croft** Herz, Wesen und Auftrag der Kirche, wie sie die Anglikanische Kirche Großbritanniens in den letzten Jahren begriffen hat, zusammen.

John Finneys Aufsatz ist sozusagen als Fortsetzung zu Croft gedacht. Finney schildert, welche Art von Glauben und Vertrauen die radikalen Reformprozesse in der Anglikanischen Kirche gefordert haben. Dabei geht er auf wesentliche Motoren in Reformprozessen, wie Hauptamtliche oder Kirchenleitung, ein und ermutigt zu geistlicher Erneuerung.

Sozusagen als Übergang zwischen den englischen und den deutschen Teilen schildert **Markus Weimer** die Entwicklung der *fresh expressions of church* in Großbritannien und deren nachhaltige Veränderungsprozesse in der Church of England. Er zeichnet die Bedingungen für den englischen Reformationsprozess durch *fresh expressions of church* nach und zeigt die Früchte des Weges.

Der Beitrag von **Carla J. Witt** ist eine Biographie des *Fresh X-Netzwerks* bis zum heutigen Tag. Darin zeigt sie, wie die Einflüsse von englischen und deutschen Protagonisten, Organisationen und Veranstaltungen zur Etablierung des Netzwerkes geführt haben.

Sandra Bils stellt aus persönlicher Sicht die Entwicklung der ökumenischen Zusammenarbeit der Evangelisch-lutherischen Landeskirche Hannovers und des römisch-katholischen Bistums Hildesheim dar. Diese mündete in das Projekt Kirche[2], das zu einem wesentlichen Katalysator und Unterstützer von *Fresh X* in Deutschland geworden ist.

Patrick Todjeras greift den in der *Fresh X-Diskussion* häufig vorkommenden Begriff *missio Dei* auf. Er legt für dessen Verwendung ein theologisches Fundament, welches bereits zur DNA der *Fresh X* gehört und für die Kirche von morgen ein wesentliches Kriterium sein soll.

Hans-Hermann Pompe schlägt konkrete Schritte für eine *mixed economy* in unseren Breitengraden vor. *Mixed economy* wird dabei nicht nur als strukturelle Herausforderung verstanden, sondern auch als geistlicher, regionaler und gabenorientierter Prozess.

Reinhold Krebs führt seine Erfahrungen der kirchlichen Szene in Deutschland und sein Wissen über *Fresh X* zusammen. Er fordert die Leser und Leserinnen heraus, mit sieben Impulsen Kirche neu zu denken und dabei den Wurzeln treu zu bleiben.

Achim Härtner fragt in seinem Aufsatz nach dem Wesen der Kirche und drängt dazu, die Notwendigkeit einer Beteiligungskirche zu verstehen. Im Zusammenspiel von Haupt- und Ehrenamtlichen sollen Menschen zum Dienst bereit gemacht werden und an der Ausbreitung der Freude Gottes teilhaben.

Christian Hennecke geht, ausgehend von dem Begriff „Lokale Kirchenentwicklung", auf die Entwicklungen in der katholischen Kirche der letzten Jahrzehnte ein. Dabei ermutigt er zu einem Perspektivwechsel, der die Frage aufwirft, wie die Taufwürde der Christen, an dem Amt Christi teilzuhaben, gestärkt werden kann.

Maria Herrmann entfaltet eine Theologie der Ökumene, die sie in ihrer Praxis der letzten Jahre erlebt hat. Unter dem Begriff „Ökumene der Sendung" entwickelt sie einen missionarisch orientierten, existentiellen, geistlichen und prophetischen Ökumene-Begriff.

Sabrina Müller leitet mit ihren Gedanken für eine Kirche von morgen über in die Relevanz, die *Fresh X* für eine Neuorientierung und Neustrukturierung der Kirche haben wird.

Zum Abschluss diskutiert **Michael Herbst** in seinem Aufsatz die Frage nach der Zukunft der Kirche. Der Autor spricht sich dafür aus, als Kirchen und Gemeinden den Kompass wiederzuentdecken. Dies geschieht durch Gottesdienst und Gebet, durch Förderung mündigen Christseins, durch missionarische Orientierung und schließlich dadurch, dass die Freiheit von/ für Strukturen neu ergriffen wird.

Wie sind wir mit den Begriffen umgegangen?

Als Herausgeberin und Herausgeber haben wir die im *Fresh X-Sprachgebrauch* häufig vorkommenden Begriffe orthographisch vereinheitlicht. Damit hoffen wir zu einem einheitlichen Gebrauch beizutragen. Da wir diesen Band als Aufsatzsammlung mit unterschiedlichen Autorinnen wie Autoren und damit individuellen Stilen verstehen, wurde in die Zitation und formale Struktur der Aufsätze nicht eingegriffen.

Wir haben uns außerdem dazu entschieden, *Fresh X*-spezifische Bezeichnungen aus dem Englischen zu übernehmen und zumeist nicht zu übersetzen – einzelne Autorinnen und Autoren haben dies anders gehandhabt. Dies hat damit zu tun, dass im Begriffshorizont ein bestimmter Kontext und Überlegungen mitschwingen, die im Deutschen zumeist nur mangelhaft wiedergegeben werden können. Das Glossar soll hierzu eine Hilfestellung bieten.

Dank

Danken wollen wir an dieser Stelle besonders allen Autorinnen und Autoren, die mit ihren Beiträgen dieses Buch ermöglicht haben.

Wir bedanken uns bei der Neukirchener Verlagsgesellschaft, insbesondere bei Ekkehard Starke und Christoph Siepermann, die den Druck möglich gemacht haben.

Wir bedanken uns bei stud. theol. Nico Limbach und stud. theol. Anna Behnke, studentische Hilfskräfte am IEEG, für die Bearbeitung des Manuskripts und die Übersetzung des Artikels von John Finney.

Zuletzt gilt unser Dank Prof. Dr. Michael Herbst und den Kolleginnen und Kollegen am IEEG, die mit ihrer kritischen Durchsicht und ihren Rückmeldungen diesen Band in dieser Form ermöglicht haben.

Dieser Band ist das Ergebnis einer Kooperation zwischen dem ZMiR Dortmund und dem IEEG, Greifswald. Wir sind dankbar für den Austausch und die fruchtbare Zusammenarbeit.

Wir hoffen, dass mit dieser Sammlung von Aufsätzen ein Beitrag zur Zukunft der Kirche geleistet wird und einige Leserinnen wie Leser (wieder neu) vom Gedanken der *Fresh X-Bewegung* angesteckt werden.

Dortmund und Greifswald, im September 2015,
Hans-Hermann Pompe, Patrick Todjeras, Carla J. Witt

STEVEN CROFT: NINE LESSONS FOR A MIXED ECONOMY CHURCH – NEUN LEKTIONEN FÜR EINE KIRCHE IN VIELFÄLTIGER GESTALT[1]

1. Ein Bericht aus der Apostelgeschichte

Es ist eine Ehre, am Kirchentag teilnehmen zu dürfen – Danke für Ihr Willkommen. Es ist gut hier mit Ihnen zusammen zu sein, sowohl zum Lehren als auch zum Lernen. Ich bete, dass wir alle als Ergebnis dieses Treffens in jeder Hinsicht ein weiseres Herz gewinnen.

Es gibt einen Schlüsselmoment in der Apostelgeschichte, den ich gerne mit Ihnen teilen will. Er taucht auf in Apostelgeschichte 11 und stammt aus einer Zeit großer Schwierigkeiten, einer Periode der Verfolgung, die dem Märtyrertod des Stephanus folgte.

„Die aber zerstreut waren wegen der Verfolgung, die sich wegen Stephanus erhob, gingen bis nach Phönizien und Zypern und Antiochia und verkündigten das Wort niemandem als allein den Juden. Es waren aber einige unter ihnen, Männer aus Zypern und Kyrene, die kamen nach Antiochia und redeten auch zu den Griechen und predigten das Evangelium vom Herrn Jesus. Und die Hand des Herrn war mit ihnen, und eine große Zahl wurde gläubig und bekehrte sich zum Herrn." (V 19-21) Wir lesen hier von einer spontanen Missionsbewegung, inspiriert vom Geist.

„Es kam aber die Kunde davon der Gemeinde von Jerusalem zu Ohren." (V 22). Stellen Sie sich vor, dabeigewesen zu sein, als die Apostel diese Entwicklung erörtern. Sie fragten: Wen sollen wir senden, um das, was passiert, zu untersuchen? Sie sahen sich im Raum um, und in einem Moment der Inspiration entschieden sie sich für Barnabas, dessen Name „Sohn der Ermutigung" bedeutet.

„Und sie sandten Barnabas, dass er nach Antiochia ginge. Als dieser dort hingekommen war und die Gnade Gottes sah, wurde er froh und ermahnte sie alle, mit festem Herzen an dem Herrn zu bleiben; denn er war ein bewährter Mann, voll Heiligen Geistes und Glaubens."(V 22-24)

Barnabas beweist hier Urteilsvermögen – er erkennt: Was hier geschieht,

[1] Vortrag gehalten am 5. Juni 2015 in der Pauluskirche Stuttgart-Zuffenhausen im Rahmen der Podiumsveranstaltung „Kirche der Zukunft – England macht es vor. Wie sich Ortsgemeinden und Fresh X ergänzen" auf dem 35. Deutschen Evangelischen Kirchentag 2015 in Stuttgart. Der englische Originaltext kann unter www.freshexpressions.de abgerufen werden; deutsche Übersetzung von Hans-Hermann Pompe.

stammt von Gott. Dazu braucht man Güte, Heiligen Geist und Glauben. Dies sind (nach der Apostelgeschichte) seltene Qualitäten unter denen, die zur Leitung der Gemeinde berufen sind. Lukas stellt hier Barnabas sogar unter den Aposteln als Ausnahme heraus.

„Barnabas aber zog aus nach Tarsus, Saulus zu suchen. Und als er ihn fand, brachte er ihn nach Antiochia. Und sie blieben ein ganzes Jahr bei ...“ Blieben bei? Was erwarten Sie als nächstes Wort im Text?

„... bei der Gemeinde“, hier steht Ekklesia mit dem bestimmten Artikel – machen Sie sich klar, was das bedeutet. Eine neue Gemeinde wurde geschaffen durch Wort und Geist, sie wurde wahrgenommen, anerkannt und mit dem übrigen Leib Christi verbunden. „Und sie blieben ein ganzes Jahr bei der Gemeinde und lehrten viele. In Antiochia wurden die Jünger zuerst Christen genannt.“ (V 26)

2. Was ist in der Kirche von England (‚Church of England‘) geschehen?

Bitte behalten Sie diesen Bericht im Hinterkopf, wenn wir zusammen einige dieser Lektionen erkunden, die aus der Erfahrung der Kirche von England stammen.

Während des größten Teils des 20. Jahrhunderts erwies sich die vorherrschende Kultur in England als immer säkularer. Die Gründe dafür sind komplex und werden bekannt sein. Aber sicher ist die Säkularisierung in England mindestens so schnell gewesen wie in den meisten Teilen Nordeuropas. Aufs Ganze verbleibt die Kirche von England in einem bezeichnenden Niedergang.

Nachdem der Grundwasserspiegel des Glaubens in der gesamten Bevölkerung immer mehr sank, hat die Kirche von England sich vorgenommen, wieder eine missionarische Kirche zu werden. Seit drei Generationen sind wir nun eine emergente Kirche, die sich aus dem herkömmlichen Christentum hin entwickelt zu einer anderen Gestalt von Gemeinschaft. Eine emergente Kirche zu sein bedeutete, einige Lektionen aus der Vergangenheit wieder neu zu lernen: über Mission, Evangelisierung und Katechese als Kernaufgaben.

In den Neunzigern begannen wir neue Lektionen zu lernen, wie man neue kirchliche Gemeinschaften durch kontextuelle Mission formt. Anfangs geschah unser Lernen formlos und zufällig, war ein Sammeln von Fragmenten kleiner Geschichten, wo Pioniere inspiriert wurden, zu den Teilen der Gesellschaft zu gehen, die nichts von Christus wussten – nicht um Menschen zurückzuholen in bestehende Gemeinden, sondern um neue Gemeinden zu beginnen.

Diese Sammlung von Geschichten löste den Versuch aus, verstehen zu wollen, was hier geschah, und einen Wortschatz zu entwickeln, um es zu beschreiben. Wir nannten diese neuen kirchlichen Gemeinschaften *fresh expressions of church*[2]. Als gesamte Kirche entschieden wir 2004, diese Bildung von neuen Gemeinschaften aufgrund kontextueller Mission aktiv zu unterstützen und zu einer „Kirche in vielfältiger Gestalt" für das neue Jahrtausend zu ermutigen. Das Umfeld unserer Mission fordert uns heraus, vielfältiger zu sein. Wir haben zur Bildung von neuen Ausdrucksformen in jeder Diözese ermutigt; wir haben uns dazu auf einen akzeptierten Fokus für Aus- und Fortbildung im Pfarrdienst geeinigt, unter der Bezeichnung „Ordinierter Pionier-Pfarrdienst"; wir haben ein Aus- und Fortbildungs-Programm eingeführt für Laien-Pioniere/innen und Pfarrer/innen; wir haben erlebt, dass diese Bewegung sich international und ökumenisch ausweitet, wofür wir Gott sehr dankbar sind. Wir haben erlebt, dass diese Bewegung theologisch angefragt wurde und dass diese Anfragen entkräftet wurden.

In den letzten 12 Jahren ist diese Bewegung gewachsen, hat sich vervielfältigt und wurde auf verschiedene Weise und an verschiedenen Orten unterstützt. Es gibt jetzt Tausende von neuen Ausdrucksformen von Gemeinde in jedem Teil der Kirche von England. Zehn Diözesen (von insgesamt 42) wurden für eine Studie untersucht, die 2014 herauskam.

In diesen Diözesen ...

- machen neue Ausdrucksformen 15% der Gemeinden und 10% der Teilnahme aus,
- hat (bei 7 von 10 Diözesen) das Wachstum der neuen Ausdrucksformen den Niedergang ausgeglichen,
- fügt (dieser Zuwachs) der Kirche von England eine ganze Diözese hinzu,
- sind 52% der neuen Ausdrucksformen von Laien geleitet,
- sind die meisten (neuen Ausdrucksformen) klein, wachsend und Teil einer vorhandenen Ortsgemeinde.

„Nichts anderes in der Kirche von England erreicht diesen Grad von missionaler Wirkung und Hinzufügung weiterer kirchlicher Gemeinschaften".[3]

Wie Sie wissen werden, war ich fünf Jahre (2004-2009) verantwortlicher Teamleiter des nationalen *„fresh expressions"*-Teams. Seit 2009 bin ich Bischof von Sheffield und seit 2012 auch Vorsitzender des Pfarrdienst-Ausschusses der Kirche von England, der zuständig ist für Auswahl und Ausbildung zum ordinierten Dienst. Aus diesen Perspektiven möchte ich Ihnen neun kurze Lektionen anbieten für eine Kirche, die sich in diese Richtung aufmachen will. Die ersten drei drehen sich um Mission, die zweite Gruppe

---

[2] Anm. des Übers.: Im Deutschen meist „neue Ausdruckformen von Gemeinde".
[3] Quelle: Church Growth Research Project: http://www.churchgrowthresearch. uk/UserFiles/File/Reports/churchgrowthresearch_freshexpressions.pdf.

um Ekklesiologie, und die dritte um Ermutigung und wie man sie geben kann.

3. Welche Lektionen haben wir über Mission gelernt?

I. Mission ist Gottes Mission
Die gesamte Bewegung wird untermauert, unterstützt und gehalten durch ein theologisches Verständnis von der Mission Gottes: dass Gott ein Gott der Mission ist; dass Mission entsteht aus Gottes Liebe und Gottes eigener Natur; dass Gott tief und fundiert in der gesamten Welt am Werk ist; dass Gott schon längst außerhalb der Kirche wirkt; dass Mission darin zentriert ist zu entdecken, was Gott längst tut, und daran teilzunehmen; dass Gott am meisten befasst ist mit denjenigen, die weit weg sind von Gottes Liebe und Licht; dass Mission dem Vorbild (oder: Muster) Christi folgt, in seiner Menschwerdung wie in seinem Charakter; dass Mission bedeutet, von Christus in der Kraft des Geistes gesandt zu sein; dass Mission das Reich Gottes proklamiert, neue Gläubige unterweist sowie tauft und der gesamten Gesellschaft dient; dass sie danach strebt, ungerechte Strukturen zu verändern, Gottes Schöpfung zu bewahren und für Versöhnung zu arbeiten.

Dieses theologische Verständnis von Gottes Mission erlebte über mehrere Generationen seine Wiedergeburt in der Kirche von England, wurde inspiriert von der weltweiten anglikanischen Kirchengemeinschaft, von Theologen/-innen, die aus irgendeinem Missionsfeld in der Welt zurückkehrten, von der weltweiten Erneuerung eines theologischen Verständnisses von Mission und von Einsichten, die sich aus dem Studium der Schriften im Kern anglikanischer Tradition ergeben.

Unsere erlebten Veränderungen ergaben sich aus dieser theologischen Erneuerung. Sie sind nicht einfach pragmatisch oder erfolgsorientiert, geschweige denn eine Mode um ihrer selbst willen. Viel in unserem theologischen Ringen ging um die theologischen Kernfragen der Mission – besonders um Kontextualisierung. Versuchen Sie nicht, neue Ausdrucksformen von Gemeinde zu ermutigen ohne diesen ernsthaften theologischen Unterbau.

II. Die Kirche als Ganze und jede einzelne Gemeinde müssen durch Mission geformt werden
Wenn diese Arbeit dann getan ist, kann man sofort sehen: Wir reden keinesfalls von neuen Ausdrucksformen von Gemeinde, die Mission anpacken, und von Ortsgemeinden, die das nicht tun. Wir reden von jeder Gemeinde, die an Gottes Mission teilnimmt – was immer das bedeutet. Bei der Entwicklung neuer Ausdrucksformen meinen wir nicht persönliche Vorlieben oder Geschmack, was manche als Boutique-Kirche bezeichnet haben, sondern wir

16

meinen, was hilfreich ist, wirksam und notwendig für diejenigen Menschen, die zum Glauben kommen und im Glauben wachsen.

Ich zitiere das ‚mission statement' der Diözese von Sheffield, das alles untermauert, was wir tun, die Ausrichtung jeder Ortsgemeinde, jedes Kirchenbezirkes, jeder neuen Ausdrucksform und jeder Anstellung: *„Die Diözese von Sheffield ist dazu berufen, ein vielfältiges Netzwerk von Christus-ähnlichen, lebendigen und unterschiedlichen christlichen Gemeinschaften an jedem Ort wachsen zu lassen, die wirksam Menschen zu Jünger/innen machen sowie nach Veränderung in unserer Gesellschaft und in Gottes Welt trachten."*

III. Die Kirche als Ganze muss in Evangelisierung[4] investieren

Um für diesen Zweck gut aufgestellt zu sein, muss die Kirche in Evangelisierung investieren: die gute Nachricht für Männer, Frauen und Kinder kommunizieren. Örtliche Gemeinden, die in Evangelisierung investieren, werden wachsen, ob sie nun neue Ausdrucksformen sind oder nicht. Örtliche Gemeinden, die nicht in Evangelisierung investieren, werden nicht wachsen, ob sie nun neue Ausdrucksformen sind oder nicht.

Evangelisierung ist ein komplexer Zusammenhang von Teilbereichen, oft genug nur Gegenstand von Karikatur. Ich wurde gebeten, als anglikanischer Gastdelegierter an der römisch-katholischen Bischofssynode über Evangelisation 2013 in Rom teilzunehmen. Ich habe versucht, in einem Text für die (anglikanische) Generalsynode 2014 sieben Bereiche von Evangelisation zu beschreiben, die allesamt intensive Investition und Entwicklung quer durch die Ortsgemeinden, durch die Diözesen und die Gesamtkirche brauchen. Die sieben Bereiche sind:
1. Einsicht aus dem hörenden Beten (Kontemplation)
2. Apologetik (Verteidigung von und Werbung für Glauben)
3. Evangelisierung (grundlegende Erst-Verkündigung)
4. Katechese (den Glauben lernen und lehren)
5. Gemeindeentwicklung[5] (die Gemeinschaft der Kirche wachsen lassen)
6. Neue ekklesiale Gemeinschaften pflanzen und formen (neue Ausdrucksformen von Kirche)
7. Inkarnierende Mission (dem Vorbild Jesu nachfolgen)[6]
Als Teilergebnis dieser Investition in Evangelisierung hat das ‚House of Bishops' (die nationale Bischofskonferenz) den Kurs ‚Pilgrim' (Pilger/in) ent-

---

[4]   Anm. des Übersetzers: In diesem Text wird ‚evangelism' mit Evangelisierung übersetzt, ‚evangelisation' mit Evangelisation.

[5]   Wrtl.: Gemeinde-Formung oder -bildung, also der gezielte Aufbau von Gemeinden.

[6]   Source: Intentional Evangelism (GS 1917): https://www.churchofengland.org/media/1872415/gs%201917%20-%20intentional%20evangelism.pdf.

wickelt, um Katechese quer durch die Kirche von England, in sämtlichen Arten der Ausdrucksformen von Gemeinde zu ermutigen.[7]

4. Welche Lektionen haben wir über Ekklesiologie gelernt?

IV. Wir müssen über die Kirche nachdenken und sprechen
Die Entwicklung neuer Formen von Gemeinde rückt die Ekklesiologie in die Mitte der theologischen Tagesordnung. Wir müssen wieder und erneut reflektieren, was es bedeutet, Gemeinde auf verschiedene Weise und an unterschiedlichen Orten zu sein. Die Erfahrung zeigte: Unsere ekklesiologischen Muskeln waren schlaff und unterentwickelt. Wir hatten die Ekklesiologie abgeschoben an die ökumenischen Experten. Aber sie muss wieder zum Arbeitsbereich der Missions-Experten werden. Die Formen für Kirche müssen geformt werden durch die Mission Gottes. Unser Verständnis der Mission Gottes muss geformt werden durch Christus und durch unsere Christologie.

Unsere besten Hilfsquellen dazu sind kurze Zusammenfassungen, was wesentlich ist für die Kirche – nicht lange und dichte Studien. Was sind die wesentlichen Kennzeichen der Kirche? Was muss etwas sein oder etwas haben, bevor man es als ‚Kirche/Gemeinde' bezeichnen kann?

V. Wir brauchen einen Wortschatz, um das Zusammenspiel verschiedener Formen von Gemeinde zu beschreiben
Es ist lebenswichtig, eine Sowohl-als-auch-Herangehensweise für Ortsgemeinden und neue Ausdrucksformen zu entwickeln. Wir dürfen beide nie als Konkurrentinnen sehen. Sie müssen wechselseitig eine respektvolle Sprache benutzen, wenn sie über die andere reden.

Die größte Herausforderung für die neuen Ausdrucksformen im Vereinigten Königreich entstand, wo nicht sorgfältig genug geredet wurde. Immer wenn neue Ausdrucksformen deutlich machten, dass sie nicht das neue Ding an der Seite der alten seien, sondern die neue Sache, die jetzt die alten ablösen würde, kam es zum Widerstand gegen Veränderung und zu einem Rückfall in herkömmliche Vorgehensweisen. Der Wortschatz, der sich für uns am besten bewährt hat, war das Reden von einer Kirche in vielfältiger Gestalt oder einer vielfältigen Ökologie von Gemeinden[8]. Beide Formen von Gemeinde sind missional, beide benötigen sich gegenseitig, beide dienen verschiedenen Zwecken im zunehmend vielfältigen Umfeld von Gesellschaft und Missionsfeld.

---

[7] Quelle: www.pilgrimcourse.org.
[8] Wrtl.: „the language of mixed economy of church or mixed ecology of church".

VI. *Wir müssen neue Ausdrucksformen ermöglichen und ermutigen*

Im Kontext der Kirche in vielfältiger Gestalt brauchen neue Ausdrucksformen positive Ermutigung und Bestätigung, durch Leitungspersonen und die gesamte Kirche, wenn sie aufblühen sollen: Sie sind zarte und empfindliche Pflänzchen. Wir haben uns als Kirche in zwanzig Jahren vorwärts bewegt, von Feindschaft und Misstrauen über Toleranz und Erlaubnis hin zu aktivem Segnen, in einigen Fällen gab es sogar Unterstützung und Integration von Neuem und Altem. Das war nicht immer eine leichte Reise, und es war nicht die gleiche Reise in jeder Diözese. Manche sind anderen um Längen voraus. Aber es gilt: je mehr Ermutigung, desto mehr Frucht.

5. Welche Lektionen haben wir über Ermutigung gelernt?

VII. *Neue Ausdrucksformen genauso ermutigen wie sie umsetzen*

Wir haben gelernt, neue Ausdrucksformen in dem gleichen Maß zu ermutigen, wie wir sie anpacken. Wir haben gelernt, nur mit leichtem Einfluss dabei zu sein, auf das zu antworten, was Gott tut, mutig und mit Risiken, zu hören und herauszufinden, was klappt.

Anfangs war die Versuchung stark, eine große innerkirchliche Struktur aufzubauen, ein Programm voller Aktivitäten, einen anspruchsvollen Katalog oder ausführliche Richtlinien. Aber überall, wo wir solche Vorgehensweisen versuchten, war es wie bei David, der an Sauls Rüstung scheiterte. Was benötigt wurde, waren Segen, Schlichtheit, offene Augen, hörende Ohren, Zeit, Gebet und Offenheit für den Heiligen Geist.

Diese Bewegung stammt von Gott, und sie steckt noch in den Kinderschuhen. Wir müssen einfühlsam, flexibel und demütig sein und erkennen, was Gott tut, denn wir ziehen hier kein Programm durch.

VIII. *Eine grundlagentreue und sorgfältige Lockerung der Strukturen*

Das beste Vorgehen, das wir entwickeln konnten, hat eher Hindernisse entfernt als neue Vorlagen oder Strategien geschaffen. Rowan Williams, der frühere Erzbischof von Canterbury, hat sich großen Verdienst erworben in der Ermutigung neuer Ausdrucksformen. Eine seiner vielen hilfreichen Kurzformeln forderte eine grundlagentreue und sorgfältige Lockerung der Strukturen, um den neuen kirchlichen Gemeinschaften Raum und Zeit zum Wachsen zu verschaffen. Wir brauchen eher Ermöglichung und Kreativität als Regulierung und Risikoausschluss.

19

IX. *Beziehungen sind entscheidend*

Zuletzt und sehr kurz: Beziehungen sind entscheidend, ganz besonders Beziehungen zwischen kirchenleitenden Personen und Pioniere/-innen, jenen loyalen Radikalen der Kirche, die sich nach Wandel sehnen, aber Teil ihrer Denomination bleiben. Diese Beziehungen sind entscheidend in beide Richtungen. Die Pioniere/-innen brauchen die kirchenleitenden Personen, um verbunden zu bleiben und darin Unterstützung zu bekommen, neue Möglichkeiten auszuschöpfen. Die kirchenleitenden Personen brauchen die loyalen Radikalen, damit wir dran bleiben, herausgefordert und erquickt zu werden durch die an den äußersten Rändern des Lebens der Kirche.

Genau dies passierte, als Barnabas nach Antiochia ging: Das Zentrum machte sich auf den Weg, um den Rand zu treffen. Der Rand traf das Zentrum. Im Dialog zwischen diesen beiden geschieht Kreativität, Leben und die Anerkennung einer neuen Form von Gemeinde.

JOHN FINNEY: GLAUBE UND FRESH EXPRESSIONS[1]

Europa befindet sich in einem Wandel, und es bringt nichts, nur zu hoffen, dass die Kirche dabei nichts tun muss. Der Heilige Geist leitet uns in der Wahrheit, damit wir die Realität erkennen können und sehen, dass das „Christendom"[2] auseinanderbricht. Wir sind in einer sehr ähnlichen Situation wie Paulus in Athen, Bonifatius in Deutschland oder Augustinus in England, und wir müssen das Evangelium zu den Leuten bringen, die mit der Geschichte Jesu nicht vertraut sind.

Mission ist ganz einfach. Die Mission ist als Liebe in die Welt inkarniert. Wir sind beauftragt, „den Nächsten zu lieben wie uns selbst." Wenn du deine Nachbarn liebst, dann willst du das Beste für sie … und dieses Beste muss bedeuten, dass sie vollkommen „in Christus" sind und den einen Gott – Vater, Sohn und Heiliger Geist – anbeten. Mission ist die Fülle der Liebe.

Aber wie betreiben wir Mission in Europa? Hinter allen Debatten, Ideen und Experimenten muss der Glaube stehen. Jesus hat gesagt: „Trachtet zuerst nach dem Reich Gottes, und alles andere wird euch hinzugetan werden." Aber Glaube kommt in unterschiedlichen Formen zum Ausdruck.

Glaube 1 und Glaube 2

Stellen Sie sich einen Kreis vor. Die meiste Zeit unseres christlichen Lebens verbringen wir in diesem Kreis und üben etwas aus, das wir „Glaube 1" nennen können. Wir sind dabei in unserer Komfortzone, in der wir ein nettes, ruhiges geistliches Leben leben. Wir gehen in den Gottesdienst, lesen in der Bibel, sprechen unsere Gebete und versuchen, Gutes zu tun. Es ist unsere Heimat – der Platz, an den wir gehören. Manchmal kann es dort eher statisch und nicht gerade abenteuerlich zugehen, aber es ist ein Ort der Sicherheit und des Friedens. „Glaube 1" bestimmt unser Leben als Jüngerinnen und Jünger, weil er uns eine Routine anbietet, die ein unverzichtbares Element jedes christlichen Lebens ist.

Aber Gott lädt uns ein, unsere Komfortzone zu verlassen und in eine andere Art des Glaubens einzutauchen. Diese können wir „Glaube 2" nen-

---

[1] Dieser Text wurde von Nico Limbach aus dem Englischen übersetzt und trägt den englischen Titel: *„Faith and Fresh Expressions"*.

[2] Erklärung der Herausgeber: Mit diesem Ausdruck wird die Verschmelzung von „Christianity" und „kingdom" angedeutet, und er meint ein mit Privilegien versehenes Verhältnis von Kirche und Staat.

nen, denn sie liegt außerhalb des Kreises und befindet sich dort, wo wir uns nicht mehr so wohl fühlen. Wir waren noch nie vorher da, und es gibt dort zwei Dinge: Abenteuer und Risiko. Das biblische Paradigma hierfür ist Abraham, der mit den Worten „Geh aus deinem Land und aus deiner Verwandtschaft und aus dem Haus deines Vaters in das Land, das ich dir zeigen werde!" (Gen 12,1) berufen wurde. Die Bibel erzählt von vielen Menschen, die aus ihrer Routine heraus in einen neuen Lebensstil hinein gerufen wurden – Mose, Jona, Maria bei der Verkündigung, Petrus, der aus dem Boot gerufen wird, der gute Hananias in Apostelgeschichte 9,10ff, Paulus und Barnabas, die in die Mission geschickt werden in Apostelgeschichte 13. Viele von uns können sich selbst an solche Zeiten erinnern

– als Gott uns in eine neue Beziehung gerufen hat
– in die Ordination
– für Gerechtigkeit einzustehen
– ein Zeuge Christi zu sein.

Und das lässt uns schaudern. Es ist eine persönliche Herausforderung, denn außerhalb unseres sicheren religiösen Kreises liegt die *Angst*. Dabei kann es gut sein, dass wir manches lieber nicht tun würden, dass wir keinen inneren Frieden dabei haben oder uns dabei besonders „geistlich" fühlen. Ich gebe zu, dass ich an der Grenze zwischen „Glaube 1" und „Glaube 2" oft gezögert habe, während ich mit Gott diskutierte. Dabei erleichtert es mich zumindest, dass auch Mose zwei ganze Kapitel im Buch Exodus mit Gott diskutiert hat.

Schließlich müssen wir erkennen, dass genau dieser Ort der Angst und Aufregung die wahre biblische Sicherheit darstellt. Wir sind nie treuer uns selbst gegenüber, als wenn wir uns auf eine Reise mit Gott einlassen, deren Ende wir noch nicht kennen. Menschen, die sagen, dass der christliche Glaube nichts als eine langweilige Routine ist, haben noch nie „Glaube 2" erlebt. Jeder Christ sollte sowohl „Glaube 2" als auch „Glaube 1" kennen und erlebt haben.

Dieser Kreis und die Unterscheidung zwischen „Glaube 1" und „Glaube 2" gilt nicht nur für unser persönliches Leben. Gleiches sollte auch für die Kirche gelten, egal ob wir dabei von der parochialen Gemeinde oder der ganzen Evangelischen Kirche sprechen. Die Parochialgemeinde hat ihre Komfortzone des „Glaubens 1" – in der sie die „normalen" Dinge tut, wie z. B. Gottesdienste zu feiern, im Gemeinwesen zu helfen, Beerdigungen und Hochzeiten zu feiern usw. Sie tut die gewohnten Dinge nach dem gewohnten Ablauf. Die Evangelische Kirche hält ihre Synoden, schreibt Berichte und versucht, für die Gerechtigkeit einzustehen. Aber nun finden wir uns in einer Situation wieder, in der viele Menschen, vor allem junge Menschen, mit ihren Füßen abstimmen und die Kirche verlassen. Meist begründen sie es damit, dass die Kirche „langweilig", „öde" und „veränderungsresistent" sei.

Aber dann unterbricht Gott die konstante Routine der Kirche. Wir entdecken, dass wir weniger Geld haben, dass die Leute nicht mehr in die Kirche gehen oder dass niemand mehr auf uns hört. Hilf uns bitte, Herr! Und Gott ruft uns heraus aus der Sicherheit unserer Komfortzone, hinein in „Glaube 2", damit wir die Kirche verändern und das Evangelium in die Welt hinaustragen können. Dabei geht es um mehr als nur darum, die physischen Bedürfnisse der Welt zu stillen, wie es die deutsche Kirche so beeindruckend durch ihre diakonische Arbeit tut. Es geht genauso darum, die Kirche zu erneuern und das Evangelium in die Welt zu bringen, „sodass sie zum Glauben finden". Es verlangt Mut, den Kreis zu verlassen.

„Glaube 2" ist aufregend und beängstigend, aber er findet dort statt, wo die Kirche sich heimisch fühlen muss. Jesu Vorbild führt uns, denn sein Dienst fand zum großen Teil außerhalb des religiösen Kreises statt, und er wurde dafür kritisiert, dass er Wein trank und in schlechter Gesellschaft war. Die heutige Kirche muss ihre Komfortzone verlassen und in dieser schlechten Gesellschaft verweilen.

fresh expressions

In Großbritannien fingen wir an zu verstehen, dass Jesus es ernst meinte, als er sagte: „Geht in die ganze Welt und machet zu Jüngern …" Aber wir gehen nicht dadurch „in die ganze Welt", indem wir in unseren Kirchen sitzen. Gott ist auch draußen auf dem Marktplatz, in den Fabriken und an den Orten, wo Leute Spaß haben. Wir müssen hinausgehen und mitmachen in der großen *missio Dei*[3], denn Gott selbst ist der größte Evangelist.

Ebenso begannen wir zu verstehen, dass wir nicht einfach so weitermachen konnten wie bisher, indem wir uns um eine immer kleiner werdende Gruppe von Menschen kümmerten, die in unsere Gemeinden kam.

In den 1970er und 1980er-Jahren begannen viele von uns, Glaubenskurse durchzuführen, die extra so zugeschnitten waren, dass sie neuen Leuten halfen, zum Glauben zu kommen, um dann auch in unsere Gemeinden zu kommen. Diese Kurse waren sehr erfolgreich, und ich bin begeistert, dass sie auch in Deutschland immer mehr zum kirchlichen Leben dazugehören.

In den 1990er und 2000er-Jahren wurde uns klar, dass Glaubenskurse allein nicht ausreichen, denn die Kurse waren immer mit der örtlichen Kirchengemeinde verbunden. Aber was ist mit denen, die keinen Kontakt zu einer Kirchengemeinde haben? In ganz Großbritannien begannen die Christen zu experimentieren. Sie fingen an, Jesus zu verkündigen, indem sie mit

[3] Zur Erklärung dieses Begriffs vgl. den Text von Patrick Todjeras in diesem Band Seite 57.

anderen in Pubs oder online gingen, sich in den Häusern von älteren Menschen und in Jugendclubs versammelten. Um das Jahr 2000 gründeten Bischöfe und andere Leitungsverantwortliche eine Arbeitsgruppe, die herausfinden und beurteilen sollte, was überall passierte, und der Bericht „Mission-shaped Church" wurde 2004 veröffentlicht. Zur Überraschung aller wurde der Bericht mit Begeisterung vom „House of Bishops" und der „General Synod" angenommen, und es wurde deutlich, dass er zum Ausdruck brachte, was viele Menschen schon lange wollten. Was wir *fresh expressions* nennen, ist das Ergebnis dieses Berichtes. In beachtlich kurzer Zeit wurden sie zu einem Bestandteil der DNA der Kirche in Großbritannien.

Rowan Williams, der vormalige Erzbischof von Canterbury, war ein großer Unterstützer dieser Bewegung und sprach dabei von einer *mixed ecomony*[4]. Seine Erwartung war, dass eine Mischung aus gewöhnlichen Parochialgemeinden in festen Gebäuden und anderen Gemeinden, die eher experimentell und explorativ sind, entstehen würde.[5] Wir brauchen beides. Karibischen Inseln wird manchmal nachgesagt, eine Bananenwirtschaft zu haben, da sie nur Bananen anbauen. Das bedeutet, dass deren Wirtschaft immer abhängig vom Bananenpreis ist. Manchmal bieten Kirchen nur Bananen an – „genau so hat eine Parochialgemeinde auszusehen, und das ist es, was wir am Sonntagmorgen machen." Bananen können überraschend gefährlich sein. Eine *mixed ecomony* ist weitaus stabiler.

Die Ideen der *fresh expressions* wurden seit 2004 sehr genau untersucht und weiterentwickelt. Es gab Menschen, die keine Veränderung in irgendeine Richtung wollten. Das ist unvermeidbar, denn „Glaube 1" ist ein Ort, der durchaus attraktiv ist. Als die Bischöfe „Mission-shaped Church" per Abstimmung annahmen, wussten sie, dass dies Diskussionen auslösen würde, aber sie wussten ebenfalls, dass Spannungen in der Kirche auch positiv sein können. Denn der einzige Körper ohne Spannung ist eine Leiche.

Fresh expressions haben sich in unterschiedliche Richtungen entwickelt.

1. Neue Gemeinden

Vor mehr als 30 Jahren fing die Church of England an, neue Gemeinden in Gegenden zu „pflanzen", in denen es wenig pastorale Präsenz gab: Dies war hauptsächlich in neuen Wohnbaugebieten am Rande Londons und anderer

---

[4]   Zum besseren Verständnis dieses Begriffs siehe das Glossar Seite 152.
[5]   Auf einer Emerging Church-Konferenz 2012 sagte er: „Das andauernde Zusammenspiel zwischen stabilem, treuem, fortwährendem und apostolischem Leben der Kirche und dem spannungsreichen, explorativen und neuen Leben, das wir in manchen *fresh expressions* sehen, ist ein unverzichtbarer Bestandteil der Gesundheit und des Wohlbefindens der christlichen Kirche."

großer Städte der Fall. Welche Art von Gemeinde sollte dort etabliert werden? Es kamen grundlegende Fragen auf: Was ist eine (Kirchen-)Gemeinde – und wenn es eine Versammlung christlicher Menschen ist, muss sie immer der traditionellen Form folgen mit einem Pfarrer/einer Pfarrerin und einem Kirchengebäude? Es entstanden neue Experimente, und die Arbeitsgruppe, die „Mission-shaped Church" verfasst hatte, wurde um Rat gefragt, mit der Hoffnung, etwas von diesen zu lernen. Von da an entwickelte es sich in zwei Richtungen:

a) Neue Experimente in traditionellen Ortsgemeinden wurden ermutigt, da nun von allen Gemeinden verlangt wurde, sowohl an die Menschen außerhalb der Gemeinden als auch an die innerhalb zu denken. Der ehemalige Erzbischof von Canterbury, William Temple (1881–1944), sagte einmal: „Die Kirche ist die einzige Gemeinschaft, die für die existiert, die nicht ihre eigenen Mitglieder sind."

Einstellungen haben sich geändert – Experimente werden nun als Zeichen einer aktiven Gemeinde gesehen und nicht mehr mit Vorurteilen betrachtet.

b) Noch radikaler: *Fresh expressions* durchbrechen die Kirchenkultur und formen neue Gemeinschaften außerhalb der existierenden Strukturen. Wir haben ein Verständnis von Gottesdienst als Veranstaltung, die regelmäßig am Sonntagmorgen stattfindet, vererbt bekommen und erwarten, dass es so etwas wie einen wöchentlichen Rhythmus im Gemeindeleben geben sollte. Ebenso schätzen wir die Beständigkeit, sodass wir in einigen Jahren Erfolg an der Nachhaltigkeit messen können – die Teilnehmer eines Experiments in Yorkshire jedoch treffen sich meistens an einem Montagnachmittag, ohne die Erwartung, in ein paar Jahren noch zu existieren.

Es kommt auf die Definition an, wenn man zählen will, wie viele „*fresh expressions*"-Gemeinden es gibt. Die meisten davon sind ökumenisch, was das Führen von Statistiken erschwert. Die Statistik-Abteilung der Church of England gibt an, dass es ungefähr 7000 sind. Deren Einfluss ist bereits beachtlich, und der aktuelle Erzbischof von Canterbury, Justin Welby, sagte vor kurzem: „Das, was wir *fresh expressions* nennen, verändert die Kirche. In den letzten 10 Jahren haben sie bereits eine Zahl an neuen Menschen zu uns gebracht, die der Größe einer ganzen Diözese entspricht."

2. Pfarrer und Pfarrerinnen

Wenn sich die Kirche im stillen Kreis des „Glaubens 1" befindet, dann sind jene Pfarrer und Pfarrerinnen am besten, die sich gut um Menschen kümmern können und leicht Routine gewinnen. Sie müssen freundlich sein, gut predigen, die Jungen anleiten und die Alten beerdigen. Es wird nicht erwartet, dass sie Evangelisten sind. Im „Glauben 2" wird eine andere Sorte Pfarrerinnen und Pfarrer in der Kirche gebraucht. Diese müssen begabt sein im

Leiten und Lehren, und sie müssen Menschen begeistern können. Seelsorge für die treuen Gemeindeglieder aus „Glaube 1" reicht nicht mehr aus, und sie müssen mit gutem Beispiel und guten Worten vorangehen, indem sie zeigen, dass sie sich auch außerhalb der Kirchengemeinde wohlfühlen, sich mit Nicht-Christen unterhalten und sich um alle kümmern.

In England ordinieren wir nun sogenannte „pioneer ministers", welche Entrepreneure sind, die dazu berufen sind, außerhalb der parochialen Strukturen zu arbeiten. Der eine arbeitet mit Menschen aus der New Age Szene, die andere zieht als Stand-up-Komikerin durch Pubs und Clubs, wieder ein anderer arbeitet mit einem Café in einem Park.

3. *Kirchenleitung*

Menschen in kirchenleitenden Funktionen, wie Bischöfe und Superintendenten, spielen die wichtigste Rolle. Sie sollen möglichst nicht dadurch im Weg stehen, dass sie Vorbehalte gegenüber jeglichen Experimenten haben und alles verbieten, was ungewöhnlich ist. Sie sollen genau auf Missions-Experimente in den Gemeinden achten und loben, was gut läuft. Experimente wie *fresh expressions of church* hatten in manchen Gemeinden schon lange vor 2004 begonnen, und aus dieser Erfahrung haben die Bischöfe den Bericht „Mission-shaped Church" zusammengestellt.

Ein gutes Beispiel dafür, wie es funktionieren kann, nennt sich „Back to Church Sunday". Es begann 2003 als Experiment in einer Gemeinde in Manchester. Der Pfarrer schlug vor, dass jedes Gemeindemitglied jemanden einladen solle, am letzten Sonntag im September mit in den Gottesdienst zu kommen. Es stellte sich heraus, dass beachtenswerte Begeisterung unter den Gemeindegliedern hervorgerufen wurde und die Gottesdienstbesucherzahl an diesem Sonntag beachtlich stieg. Er erwähnte diesen Erfolg in einem Gespräch mit dem Bischof von Manchester. Dieser war davon begeistert und war der Meinung, dass diese Ideen auch von anderen übernommen werden sollte. Also ermutigte er im folgenden Jahr alle Kirchengemeinden, dies ebenso auszuprobieren. Die Idee verbreitete sich sehr schnell – nur zwei Jahre später wurde die Idee in 20 Diözesen vorgestellt, und auch andere Denominationen setzten sie um. Aktuell wird sie von allen Diözesen in England und in mindestens zwölf anderen Ländern umgesetzt – aber alles begann mit einem Pfarrer, der in einer Gemeinde ein Experiment startete, und einem Bischof, der die Idee verbreitete. Darüber hinaus haben wir hier ein gutes Beispiel dafür, welchen Einfluss das Internet auf das Verbreiten von Ideen haben kann.[6]

---

[6] Für mehr Informationen zu dieser Initiative siehe: http://seasonofinvitation.co.uk. Vgl. für Deutschland http://www.zmir.de/erlebnis_gottesdienst/.

4. Geistliche Erneuerung

Wir haben damit begonnen, unterschiedliche Arten des Glaubens zu betrachten. Im Kern der Mission muss geistliche Erneuerung stattfinden. In Großbritannien gibt es viele unterschiedliche Formen und Stile. Die Spiritualität der Kelten ist im Moment sehr beliebt, aber Cursillo und Focolare wurden aus der katholischen Tradition eingeführt, während New Wine und Greenbelt-Konferenzen eher offen-evangelikal sind. Über alle anderen hinaus war die charismatische Bewegung die einflussreichste, wenn es darum ging, den persönlichen Glauben vieler zu beleben und unseren Gottesdienst und unsere Perspektive zu verändern. Die Charismatische Bewegung fing in den 70er-Jahren an, Menschen in allen Denominationen zu berühren. In den 80er-Jahren wurde eine ausgeglichenere Theologie erarbeitet, und von da an wurden die meisten Bereiche des Kirchenlebens berührt. Jeder Erzbischof in den letzten 20 Jahren ließ verlauten, dass ihm auf irgendeine Art durch die charismatische Arbeit des Heiligen Geistes geholfen wurde.

5. Anbetung (Gottesdienst)

Fresh expressions sind nur ein neuer Trend, wenn sie es nicht schaffen, Leute in die Anbetung des lebendigen Gottes zu führen. *Die Leute von heute suchen nach authentischen Menschen, die einen wahren Gott in einer realen Welt anbeten.*[7]

Authentische Menschen – Die Kirche muss sich um das ganze Sein kümmern, nicht nur unseren intellektuellen Teil oder den spirituellen, sondern auch um unsere Gefühle, unsere Persönlichkeit, unsere Beziehungen und unsere Träume, die uns menschlich machen. Die Kirche muss offen sein für alles, was wir sind und alles, was uns im Leben begegnet.

Einen wahren Gott anbeten – Eine englische Schriftstellerin schrieb in ihr Tagebuch: „Heute morgen war ich in der Kirche, aber wo, ja wo ist der König?" Manche Gemeinden konzentrieren sich so sehr auf sich selbst, dass sie Therapiestunden werden. Manche versuchen eher zu unterhalten als anzubeten. Manche sind so sehr in die politische und internationale Situation verstrickt, dass sie ihre Augen nie auf den König richten. Aber unser Fokus muss auf der Realität des Gottes liegen, der mitten unter seinen Menschen ist. Und wir sollten das Geheimnis nicht vergessen, das in Gottes Wesen liegt. Eine Tatsache aus Großbritannien zeigt, dass dieser Aspekt des Wesens Gottes die Leute von außerhalb anzieht. Die Anbetung in unseren Kathedralen mit ihren riesigen Räumen und der gewaltigen Musik bringt meist das geheimnisvolle Anderssein Gottes zum Ausdruck. Seit 2004 sind die Gemeinden in unseren Kathedralen um 2–4% jedes Jahr gewachsen,

---

[7] Im Englischen meint Finney wortgewandt: *„Today's people look for real people worshiping a real God in a real world."*

sodass die Gemeinden nun mehr als ein Drittel größer sind als vor 10 Jahren. Sie drücken das Geheimnis und das Anderssein Gottes aus und berühren dadurch viele.

In einer realen Welt – In der Bibel wird die Welt immer eschatologisch betrachtet. Kriege und Gerüchte über Kriege, Hungersnöte und Katastrophen gibt es zur Genüge, und sie sollten umfassend erkannt und bearbeitet werden, aber die Kirche sollte für eine größere Sache stehen. Die Geschichte der Menschheit wird in ihrem größeren Kontext betrachtet. Zu oft schließen wir die Kirchentüre am Anfang eines Gottesdienstes, und die verwundete Welt wird damit ausgeschlossen. Anbetung muss die ganze Fülle der Herrlichkeit Gottes widerspiegeln – und noch dazu Gottes ganze Schöpfung.

6. Die Zukunft

Als eine neue Art, Kirche zu erleben und sie in einem nicht-christlichen oder nach-christlichen Kontext zu denken, verbreiten sich die von *fresh expressions* entwickelten Ideen mit hoher Geschwindigkeit in der ganzen Welt. Neue Gemeinschaften sind bereits in Australien, den Vereinigten Staaten und zunehmend auch in der „Two-Thirds World"[8] entstanden.

In jedem Anglikanischen Ordinationsgottesdienst wird das alte Kirchenlied „Veni Creator Spiritus" gesungen. Die Kirche hat das Gebet und das Wissen um die schöpferische Macht des Heiligen Geistes noch nie mehr gebraucht als jetzt.

---

[8] Als dieser Terminus in den 1960er-Jahren entstand, war damit gemeint, dass zwei Drittel der Weltbevölkerung außerhalb von Nordamerika und Europa lebt. Man spricht auch vom „globalen Süden".

MARKUS WEIMER: GEKOMMEN, UM ZU BLEIBEN – METHODOLOGISCHE ASPEKTE EINER MISSIONALEN INITIATIVE INNERHALB DER CHURCH OF ENGLAND [1]

1. Einleitung: Von der Ambivalenz eines Schlüsselbegriffs

„The Church of England [...] professes the faith uniquely revealed in the holy scriptures and set forth in the catholic creeds, which faith the Church is called upon to proclaim *afresh* in each generation."[2] Mit diesen Worten bekennt ein Priester in England bei seiner Ordination, dass er sich der Heiligen Schrift und den Bekenntnissen seiner Kirche verpflichtet weiß und gleichermaßen vor der Herausforderung steht, diese Tradition mit den Fragen seiner Generation verständlich ins Gespräch zu bringen. Retrospektiv muss die Entscheidung für den Begriff *fresh expressions of church* als meisterhafter Kunstgriff interpretiert werden. Was im deutschsprachigen Kontext zunächst lediglich „frisch" klingt, verknüpft in besonderer Weise Tradition und Innovation.

Die Initiative, die maßgeblich von den beiden Erzbischöfen von York und Canterbury unterstützt wird, zielt primär darauf, kirchliches Leben in bisher wenig erreichten Milieus und Lebenswelten zu befördern. Die sogenannten *fresh expressions of church*[3] sind dabei keineswegs eine kirchliche Randerscheinung aus dem Biotop verdächtiger Frömmigkeitsprägungen, sondern ein wichtiger und essentieller Bestandteil des gesamtkirchlichen Auftrags.[4]

---

[1] Dieser Beitrag erschien erstmals in: Dessoy, Valentin / Lames, Gundo (Hg.): *Gesellschaft und Kirche – Wandel gestalten*, Band 4: Dessoy, Valentin / Lames, Gundo / Lätzel, Martin / Hennecke, Christian (Hg.): *Kirchenentwicklung. Ansätze – Konzepte – Praxis – Perspektiven*, Trier 2015, 427-436. Ich danke den Herausgebern und dem Paulinus-Verlag für die Genehmigung einer erneuten Drucklegung.

[2] Die Formulierung findet sich in der „Declaration of Assent". Vgl. Church of England's Mission and Public Affairs Council (Hg.): *Mission-shaped Church. Church Planting and Fresh Expressions of Church in a Changing Context*, London 2004, 34. Hervorhebung durch den Autor.

[3] Eine weitreichende Auswahl von unterschiedlichsten neuen Ausdrucksformen gemeindlichen Lebens findet sich unter: URL: http://www.encountersontheedge.org.uk (Stand: 12.08.2015).

[4] Vgl. Lings, George (Hg.): *Church Growth Research Project. Report on Strand 3b. An analysis of fresh expressions of Church and church plants begun in the period 1992-2012*, Oktober 2013, noch unveröffentlichte Vorabausgabe, 74.

Während die Church-Planting-Bewegung im Synodalreport „Breaking New Ground"[5] noch als zu akzeptierendem „Anhang" („supplement") gesehen wurde, hat sich diese Einsicht zehn Jahre später grundlegend verändert. Frische Formen von Gemeinde werden seit dem Report „Mission-shaped Church"[6] als wertvolle „Ergänzung" („complement") verstanden und damit als ein integraler Bestandteil kirchlicher Arbeit gewertet.

Im Prozess der stark zunehmenden Säkularisierung wurde intensiv nach neuen Zugangswegen zu den unerreichten Milieus gesucht. So hat sich in der Church of England eine *mixed ecomony* [7] („Mischwirtschaft") entwickelt, durch die sich neue und etablierte Formen von Kirche partnerschaftlich auf Augenhöhe begegnen. „In each diocese there should be a strategy for the encouragement and resourcing of church planting and *fresh expressions of church*, reflecting the network and neighbourhood reality of society and of mission opportunity. This strategy should be developed with ecumenical collaboration."[8]

Das Ergebnis kann sich sehen lassen. Seit der Veröffentlichung des Reports „Mission-shaped Church" sind in der traditionsreichen Staatskirche bereits weit über 2500 *fresh expressions of church* entstanden, die zu einer Trendwende geführt haben und die kirchliche Landschaft seither nachhaltig verändern.[9] Eine Langzeitstudie, die am 16. Januar 2014 in London veröffentlicht wurde, zeichnet den Veränderungsprozess in zehn Diözesen exemplarisch nach und formuliert eine erstaunliche Wachstumsprognose: „One possible inference and way to put it is that the Church of England is now starting four to five fxC [=*fresh expressions of church*] every week."[10] Zusammen-

---

[5] Vgl. Church of England's Mission and Public Affairs Council (Hg.): *Breaking New Ground. Church Planting in the Church of England*, London 1994.

[6] Vgl. Mission-shaped Church 2004. Die deutschsprachige Veröffentlichung bietet zahlreiche Anmerkungen und Erläuterungen: Vgl. Herbst, Michael (Hg.): *Mission bringt Gemeinde in Form. Gemeindepflanzungen und neue Ausdrucksformen gemeindlichen Lebens in einem sich wandelnden Kontext*, Neukirchen-Vluyn 2008.

[7] Vgl. Williams, Rowan: *Presidential Address to the General Synod*, July 2003, zitiert nach: Grove Evangelism Series, No. 67, Cambridge 2004, 10. Gemeint ist mit diesem Begriff eine Kirche in „doppelter Gestalt". Mittlerweile wird terminologisch variiert: Mit der Rede von einer „blended economy" (Phil Potter) wird das Miteinander von traditionellen und innovativen Ausdrucksformen gemeindlichen Lebens stärker betont. Die terminologische Variation „mixed ecology" soll den Bezug zu ökonomischen Denkmustern reduzieren und einen neuen Bedeutungshorizont eröffnen, der sich ekklesiologisch als nahbarer erweisen könnte. Dahinter steht in jedem Fall der Gedanke, wie herkömmliche und neue Ausdrucksformen von Kirche in versöhnter Verschiedenheit miteinander kooperieren.

[8] *Mission-shaped Church* 2004, 145.

[9] George Lings 2013, 29.

[10] Ibid., 29. Anmerkung des Autors.

fassend kann festgehalten werden: Die Church of England befindet sich gut zehn Jahre nach der Veröffentlichung von „Mission-shaped Church" in einer vollkommen veränderten Ausgangssituation, die begründete Hoffnung auf einen Neuaufbruch macht.[11]

2. Gekommen, um zu bleiben

Eine Gefahr der neuen Terminologie liegt darin, dass jede Initiative einer Ortsgemeinde sich mit diesem innovativ-klingenden Label schmückt, um Teil dieser dynamischen Bewegung zu werden. Daher ist an dieser Stelle zu präzisieren, was hinter dem Begriff steht. Die deutsche Übertragung der englischen Arbeitsdefinition kann hier weiterhelfen: „Eine *fresh expression* ist eine neue Form von Gemeinde für unsere sich verändernde Kultur, die primär für Menschen gegründet wird, die noch keinen Bezug zu Kirche und Gemeinde haben. Sie entsteht dort, wo Menschen auf Gott hören, sich der Lebenswelt anderer zuwenden, ihnen liebevoll dienen, das Evangelium verkörpern und andere in die Nachfolge Jesu führen. Sie hat das Potenzial, eine vitale Form von Gemeinde zu werden. Dabei wird sie geformt durch das Evangelium und die grundlegenden Merkmale von Kirche. Gleichzeitig ist sie relevant für ihren kulturellen Kontext."[12] Aus missionstheologischer Perspektive können grundsätzlich drei Zugangswege unterschieden werden, durch die Gemeinden versuchen, den Kontakt zu Menschen aufzubauen.

2.1 Attraktionaler Zugang

Eine attraktional ausgerichtete Gemeinde wird sich stark darum bemühen, Menschen zu sich einzuladen. Durch niederschwellige Angebote und eine dienende Grundhaltung wird versucht, Menschen den Weg in die Kirche zu erleichtern und ihnen das Gefühl zu geben, dass sie hier herzlich willkommen sind. Bei der Gestaltung der Programme sind primär die Gäste im Blick (seeker-sensitive), um ihnen möglichst viele Barrieren aus dem Weg zu räumen, die hinderlich sein könnten, um die Botschaft des Evangeliums zu verstehen. Die Begrenzung dieses Zugangsweges liegt in die Attraktivität der Angebotspalette der Gemeinde selbst. Menschen mit einer recht positiven Haltung zur Kirche, die im Laufe der Jahre den Kontakt verloren haben (open de-churched), erleben die attraktiven Angebote einer Ortsgemeinde

---

[11] Ibid., 29.
[12] URL: http://www.freshexpressions.de/ueber-fresh-x/was-ist-eine-fresh-x/ (Stand: 12.08.2015). Zur Genese der englischen Definition: Vgl. Goodhew, David / Roberts, Andrew / Volland, Michael: *Fresh! An Introduction to Fresh Expressions of Church and Pioneer Ministry*, London 2012, 70-76.

oftmals als sehr hilfreich, um erneut anzudocken. Weniger kirchenaffine Menschen werden kaum die Schwelle zu einem kirchlichen Angebot bzw. Gebäude überschreiten.

2.2 Engagierter Zugang

Viele Gemeinden realisieren, dass es zunehmend schwieriger wird, Menschen aus unterschiedlichen Milieus und Lebenswelten zu erreichen. Daher sind sie dazu übergegangen, durch sozial-diakonisch-missionarische Aktionen Milieugrenzen zu überschreiten. Mit diesem holistischen Ansatz wurden in den vergangenen Jahren vielfach gute Erfahrungen gemacht. Die Gefahr liegt jedoch darin, dass die Menschen aus anderen Milieus sich schwer tun beim Versuch, in der lokalen Gemeinde Zugang zu finden. Dieser Sachverhalt kann als „kulturelle Brückenfalle" bezeichnet werden: „Die Brückenfalle funktioniert so: Die *fresh expression* ist ja nur ein Übergang – eine Brücke eben, die nötig ist, bis die Leute auf der anderen Seite angekommen sind, beim Eigentlichen, in der Kirche, wie wir sie gewohnt sind und lieben."[13] Durch das Engagement einzelner Gemeindemitglieder kann es partiell gelingen, Menschen in die Kirchengemeinde einzuladen. Die Hidden-Agenda lautet allerdings oftmals: „Komm zu uns und werde, wie wir sind."

2.3 Inkarnatorischer Zugang

Kontextuelle Gemeindeformen sind nicht als ein Hilfsmittel zu verstehen, um Menschen in ihrem vertrauten Kontext zu begegnen, sie mittelfristig dort herauszulocken und ihnen die traditionelle Form von Gemeinde lieb zu machen. Ein inkarnatorischer Zugang ermutigt dazu, tief in die Lebenswelt der Menschen einzutauchen, dort zu bleiben und daran zu arbeiten, das Evangelium im ungewohnten Kontext neu durchzubuchstabieren.[14] „The intention to become church marks out new contextual churches from mission initiatives or projects. The aim is not for the initiative to be a stepping stone to existing church but to encourage church to emerge within it."[15]

---

[13] Herbst, Michael: *Wege in die Zukunft*, in: Hempelmann, Heinzpeter / Herbst, Michael / Weimer, Markus (Hg.): *Gemeinde 2.0. Frische Formen für die Kirche von Heute*, Neukirchen-Vluyn 2011, 81.

[14] Vgl. ibid.

[15] Moynagh, Michael: *Church for Every Context. An Introduction to Theology and Practice*, London 2012, xvi.

3. Entwicklung von kontextuellen Gemeindeformen: Zwei Wege – eine Reise

Grundsätzlich werden in England methodologisch zwei Initiationsprozesse von solchen kontextuellen Gemeindeformen unterschieden. Manche Gemeinden entwickeln im Laufe der Zeit eine erhöhte Sensibilität für die kulturellen Veränderungsprozesse und wissen um Brücken und Barrieren der traditionellen Gemeindearbeit. Das führt in vielen Fällen zu einer strategischen Neujustierung des Gemeindelebens. In der letzten Dekade hat sich herauskristallisiert, dass Schwerpunktverschiebungen und neue Programmpaletten nicht ausreichen, um mit kirchenfernen bzw. nicht-kirchlichen Menschen nachhaltig in Beziehung zu treten. Daher werden modellhaft[16] zwei unterschiedliche Anlaufwege der kontextuellen Gemeindebildung unterschieden, die hier skizziert werden. Beide Wege finden gegenwärtig Anwendung bei der Entwicklung von neuen Ausdrucksformen gemeindlichen Lebens.

3.1 Priorisierung des Gottesdienstes – ‚worship-first' Journey

Ausgangspunkt dieses Weges ist meist eine aktive Gemeinde, die aufgrund von inneren oder äußeren Impulsen initiativ wird und eine neue Gemeinde gründet. Manchmal geschieht dies in einem leerstehenden Kirchengebäude oder auch in einem öffentlichen Gebäude in einem neuen Wohngebiet. Die Gemeindepflanzung feiert recht bald ihre ersten Gottesdienste und nutzt verstärkt das Netzwerk des Gründungsteams, um Menschen dazu einzuladen. Neben den Gottesdienstfeiern werden verschiedene Veranstaltungsformate zu aktuellen Themen angeboten, um den Besucherinnen und Besuchern einen kulturell-barrierefreien Zugang zum Gemeindeleben zu ermöglichen.

Zentral ist in diesem Ansatz meist der Einsatz von Kursen zum Glauben, um die Inhalte des christlichen Glaubens auf kreative Art und Weise zu vermitteln. Oftmals wird nach einem Glaubenskurs eine weitere Vertiefung von bestimmten Themen in unterschiedlichen Kleingruppen und Hauskreisen angeboten.

---

[16] Diese Darstellung erhebt nicht den Anspruch, die Realität in jedem Fall widerzuspiegeln, wohl aber den Grundansatz verschiedener Vorgehensweisen, die gegenwärtig in der Church of England Anwendung finden. Vgl. Moynagh 2012, 206.

Bei diesem Ansatz wird der Start der neuen Gemeinde mit der Feier des ersten Gottesdienstes gleichgesetzt.[17] In England zeigt sich, dass dieser Zugangsweg vor allem für Neuzugezogene, für Menschen, die die Ortsgemeinde wechseln oder einen erneuten Versuch der Kontaktaufnahme unternehmen, Bedeutung hat. Allerdings ist zu berücksichtigen, dass dieser Zugangsweg für Menschen aus kirchenfernen Milieus weniger erfolgsversprechend ist. „This model […] seems to be less effective in reaching people with little or no Christian experience, for whom the leap into church is too big. Among such people, friendships with churchgoers may not be enough."[18]

3.2 Priorisierung der Lebenswelt – ‚serving-first' Journey

An den Rändern der verfassten Kirche haben in England Pioniere in der letzten Dekade Erfahrungen gesammelt, um mit Menschen in Beziehung zu treten, die keinen Kontakt zur Kirche haben bzw. diesen bewusst abgebrochen haben. Die Arbeitsgruppe des Reports „Mission-shaped Church" hat zahlreiche unterschiedliche Gemeindeformen analysiert und versucht, den Initiationsprozess methodologisch nachzuzeichnen. Unter der Federführung von Bischof Graham Cray und Michael Moynagh wurde der hoch komplexe Entstehungsprozess elementarisiert und in eine idealtypische Schrittfolge gebracht, die sich als zentral herausgestellt haben.

```
[ Doppeltes  ]  [ Liebevoller ]  [ Aufbau von  ]  [ Einüben von ]  [    Neue     ]  [ Wiederholung ]
[ Hören      ]  [ Dienst      ]  [ Gemeinschaft]  [ Nachfolge   ]  [ Ausdrucksform]  [             ]
                                                                   [ von Kirche  ]
```

- Die Reise beginnt mit dem „doppelten Hören". Die Erfahrungsberichte zeigen, dass diesem Prozessabschnitt eine besonders hohe Bedeutung – und damit auch entsprechend viel Zeit – beigemessen werden muss. Das Hören auf die Bedürfnisse der Menschen und auf die Spuren Gottes in dem spezifischen Kontext sind zentrale Bestandteile einer geistlichen Suchbewegung.

---

[17] Vgl. Moynagh 2012, 207.
[18] Ibid.

- Daraus ergeben sich oftmals Möglichkeiten, den Menschen in ihrer Lebenswelt zu begegnen und ihnen zu dienen. „The community begins to build loving relationships and engage in acts of service, as Jesus did. This might range from a spirituality-at-work group, to hanging out with friends, to a 'Saga group' for the over 50s, to an environmental campaigning group, to a drop-in-centre for homeless people, to a regular discussion-over-curry."[19] Diese Art der Zuwendung baut keine Abhängigkeiten auf, sondern begegnet den Menschen in Wertschätzung.
- Auf diesem Weg entwickeln sich persönliche Beziehungen, und eine neue Form von Gemeinschaft entsteht. Langsam wachsen Vertrauen und ein Zusammengehörigkeitsgefühl. Damit Gemeinschaft entsteht, ist vorausgesetzt, dass (1) es etwas gibt, das die Gruppe verbindet, (2) entsprechend viel Zeit investiert wird, (3) die Gruppe eine eigene Identität entwickelt und (4) die unterschiedlichen Charismen zum Nutzen aller zum Einsatz kommen.[20]
- Der nächste Prozessabschnitt verläuft sehr intentional. Auf dem weiteren Weg ergeben sich organisch viele Anknüpfungspunkte, um über Fragen des Glaubens ins Gespräch zu kommen. Menschen können schrittweise die Erfahrung machen, wie es sich anfühlt, dem Glauben an Jesus Christus eine Bedeutung im Leben beizumessen. Konversionsstudien haben gezeigt, dass der Weg zum Glauben prozesshaft und höchst individuell verläuft. Hier liegt die Stärke dieses Weges, da die Geschwindigkeit der vertiefenden Schritte ganz von den Teilnehmenden abhängt. „Some people may come to faith quickly, others more slowly. Once they start to believe, they will be encouraged to see discipleship as a lifelong process affecting the whole of their life."[21]
- Die Kleingruppen beginnen verstärkt Verantwortung zu übernehmen, und so wird sukzessive eine neue Ausdrucksform von Kirche sichtbar. „While the founding community may have seen this as church from the beginning, those being drawn into faith may grow only gradually in understanding themselves as church."[22] Die Leitungspersonen einer Denomination werden diese neue Form von Kirche in ihrem Entwicklungsprozess begleiten und unterstützen.
- Ist eine – auf diesem Wege entstandene – Kirche etabliert, wird sie selbst damit beginnen, sich den Menschen durch liebevollen Dienst zuzuwenden. Und damit beginnt dieser Initiationsprozess von vorne.

---

[19] Ibid, 208.
[20] Vgl. ibid., 209.
[21] Ibid., 209.
[22] Ibid., 210.

In den wenigsten Fällen wurden diese sechs Schritte in dieser Reihenfolge idealtypisch umgesetzt. Die Untersuchungen haben jedoch ergeben, dass die hier abgebildeten Elemente eine zentrale Funktion im Entstehungsprozess eingenommen haben.

Auch lässt sich festhalten, dass jeweils vier Beziehungsdimensionen integriert sind.[23] Neben der Beziehung untereinander (IN-Dimension), der gelebten Spiritualität (UP-Dimension) und dem Fokus auf den kulturellen Kontext (OUT-Dimension) darf die innere Grundhaltung der neu entstandenen Gemeindeformen nicht übersehen werden. Ein wesentliches Element ist hierbei die Haltung gegenüber der Kirchenleitung. Mit der OF-Dimension wird ausgedrückt, dass jede neu entstandene Ausdrucksform kirchlichen Lebens Teil eines größeren Ganzen ist. Erst dieser Vierklang setzt die richtigen Vorzeichen für die Schrittfolge der ‚serving-first Journey'.

4. Ekklesiogenetische Hintergründe

„‚Mission-shaped Church' released a new movement of imaginative missionary thinking and activity across a wide spectrum of churches and denominations."[24] Dem Neuaufbruch in England ist es gelungen, Grenzen der Geografie, Theologie sowie bestimmter kirchlicher Traditionen und Denominationen zu überwinden. Immer wieder wurden und werden kritische Einwände gegen die junge Bewegung formuliert. Zentrale Vorwürfe lauten, dass die Bewegung zu städtisch[25], zu evangelikal[26] und zu amerikanisch sei.[27] Die aktuellen Untersuchungen haben jedoch ergeben, dass diese kritischen Einwände nur für einen sehr überschaubaren Bereich zutreffend sind.[28] Insbesondere mit Blick auf die theologische Bandbreite lässt sich feststellen, dass alle vier anglikanischen Strömungen (evangelical, charismatic, liberal, anglo-catholic) prominent vertreten sind.[29]

Was aber sind dann die ekklesiogenetischen Grundkonstanten solcher neuen Ausdrucksformen gemeindlichen Lebens? Grundsätzlich lassen sich vier Merkmale benennen, die eine *fresh expression of church* ausmachen.

---

[23] Zur Visualisierung dieser Dimensionen vgl. die Grafik im Beitrag von Reinhold Krebs auf Seite 56.

[24] Goodhew/Roberts/Volland 2012, 72.

[25] Vgl. Smith, Alan: *God-shaped mission*, Norwich 2008.

[26] Vgl. Hull, John: *Mission-shaped Church. A Theological Response*, London 2006.

[27] Vgl. Davison, Andrew / Milbank, Alison: *For the Parish. A Critique of Fresh Expressions*, London 2010.

[28] Vgl. Lings, George: *A Golden Opportunity. Revisiting the Story So Far*, in: Encounters on the Edge 50, 2011, 12.

[29] Vgl. Goodhew/Roberts/Volland 2012, 73.

4.1 Missional (missional)

Ein wesentliches Merkmal ist, dass eine *fresh expression* Menschen begegnet, die noch keinen Bezug zu Kirche und Gemeinde haben. Sie ist nach außen gerichtet, versucht sich in die Lebenswelt der Menschen hineinzufühlen und Gottes Spuren in diesem Kontext zu entdecken.

In England ist man sich dessen bewusst, dass sich nur noch etwa 40% der Bevölkerung im Orbit der etablierten Kirche befinden. Die übrigen 60% stehen der Kirche desinteressiert bis kritisch gegenüber. „[...] 60 per cent of people in England seeing churches as strange places, full of strange people, doing strange things or, in the case of the closed de-churched, as painful places."[30] Daher spielt der apostolische Aspekt eine zentrale Rolle im Initiationsprozess einer *fresh expression*.

4.2 Kontextuell (contextual)

Sowohl der Report „Mission-shaped Church" als auch das methodistische Pendant „Changing Church for a Changing World"[31] haben die epochalen Veränderungen in der britischen Gesellschaft analysiert. Man ist sich dessen bewusst, dass man sich in einer nach-christlichen Gesellschaft befindet. Eine *fresh expression* ist daher eine neue Form von Gemeinde für unsere sich verändernde Kultur. Sie will ganz in eine bestimmte Lebenswelt, in ein bestimmtes Milieu eintauchen, um Kirche und Gemeinde in einem neuen Kontext Gestalt zu verleihen.

4.3 Lebensverändernd (formational)

Eine *fresh expression* ist nicht „church-light". Neue Ausdrucksformen gemeindlichen Lebens laden Menschen in die Nachfolge Jesu ein. Persönliche Beziehungen und wachsender Glaube führen zur Lebensveränderung. Sie zielen auch darauf, ihren Kontext zu transformieren.[32] Der grundlegende Auftrag Jesu (Mt 28,19f.) Menschen in die Nachfolge einzuladen, wird allerdings auf neuen Wegen realisiert. „[The] pattern of discipleship that is emerging in *fresh expressions* is one of whole-life discipleship enabling Christians to be effective in Christian lifestyle and witness in the home, work and leisure contexts where they spend most of their time."[33]

---

[30] Ibid., 78.
[31] Vgl. Pilinger, Pete / Roberts, Andrew (Hg.): *Changing Church for a Changing World*, Peterborough 2007.
[32] Vgl. Goodhew/Roberts/Volland 2012, 93.
[33] Ibid., 99.

4.4 Gemeindebildend (ecclesial)

Vor der Generalsynode der Church of England sagte der damalige Erzbischof Rowan Williams: „We're rediscovering something about what the Church is."[34] In diesen Worten zeigt sich, wie sehr unser gegenwärtiges theologisches Verständnis von Kirche von der traditionellen äußeren Erscheinungsform geprägt ist. Eine *fresh expression* ist eine neue Ausdrucksform von Kirche. Sie ist kein temporäres Projekt, um Menschen den Weg in die traditionelle Ortsgemeinde – welcher Denomination auch immer – zu erleichtern. Sie lebt vielmehr mit Menschen in ihrem Kontext, ist geprägt vom Evangelium und wird zur ‚ekklesia'. Damit ist sie ganz Kirche, aber nicht die ganze Kirche.

5. Ausblick und Bewertung

In den kommenden Jahren wird sich in den beiden großen Kirchen sehr viel verändern. Die aktuellen Mitgliedschaftsstudien der EKD sprechen von einer „Erosion auf allen Ebenen"[35] und zeichnen ein eher düsteres Bild von der Zukunft der Kirche. Die sich abzeichnenden demographischen Veränderungen, der kulturelle Wandel in unserem Land, die Aufspreizung in unterschiedliche Milieus[36], die knapper werdenden finanziellen Möglichkeiten, möglicher Pfarrermangel, anstehende Gemeindefusionen – all das hat Menschen aus unterschiedlichen Kirchen und Gemeinden dazu veranlasst, eine geistliche Suchbewegung zu starten, um den Herausforderungen angemessen begegnen zu können. Die Realität führt jedoch vor Augen, dass sich unsere Kirche vielerorts in einer mentalen Gefangenschaft[37], ja sogar in einem Traumnotstand befindet. Aufgrund der ernüchternden Mitgliederentwicklung ist vielerorts der Mut abhanden gekommen, Wachstum in das Portfolio der Zukunftsszenarien zu integrieren.

Die englische „*fresh expressions*"-Bewegung ist seit einigen Jahren nicht mehr auf die Insel beschränkt. Die weltweite Kirche greift die Gedanken auf und versucht, in ihrem eigenen Land die ersten Schritte der Kontextualisierung zu wagen. Eine ökumenische Lernpartnerschaft ist entstanden, die allen Schreckensszenarien entgegengehalten werden kann. Viele Gemeinden

---

[34] Williams, Rowan: *Fresh Expressions. The Life Blood of Who we Are*, Ansprache vor der General Synod, 28.02.2007.

[35] Mit dieser Überschrift titelte die FAZ einen Artikel über die neuesten Ergebnisse der Mitgliedschaftsuntersuchung der EKD am 10.02.2014.

[36] Vgl. Hempelmann/Herbst/Weimer 2011, 39.

[37] Huber, Wolfgang: *Du stellst unsere Füße auf weiten Raum. Positionen und Perspektiven einer Kirche im Aufbruch*. Rede zur Eröffnung der Zukunftswerkstatt der EKD am 24. September 2009 in Kassel, in: ThBeitr 41, 2010, 68-78, Zitat 71.

wurden bereits ermutigt, ihre Ressourcen nicht nur in die bestehende Angebotspalette zu investieren, sondern auch mit einer geistlichen Suchbewegung
zu starten. Ein zentrales Anliegen ist es dabei, Kirche an neuen Orten zu
denken und dort mit den Menschen gemeinsam Schritte der Kontextualisierung zu finden. Innovative Projekte zielen nicht ausschließlich darauf, Menschen in die Muttergemeinde einzuladen. Daneben entwickelt sich der Ansatz,
ganz in eine Lebenswelt einzutauchen und Kirche an neuen Orten zu entwickeln. Ein Pionier fasste seinen Auftrag vor kurzem deshalb so zusammen:
„Wir sind gekommen, um zu bleiben!"

Die deutsche *Fresh X-Initiative* möchte sich an dem gegenwärtigen Reformprozess in den großen Kirchen beteiligen. Dabei wird nicht gegen bestehende kirchliche Strukturen gearbeitet, sondern geholfen, das bestehende
Parochialsystem durch neue Ausdrucksformen gemeindlichen Lebens im
Sinne einer *mixed ecomony church* sinnvoll zu ergänzen. „Das offene ‚Fenster der Gelegenheit' gilt es zu nutzen. Es ist absehbar, dass die heute noch
verfügbaren personellen und finanziellen Ressourcen in Zukunft geringer
werden. Jetzt bestehen Chancen, vorhandene Möglichkeiten in die Zukunfts-
fähigkeit der evangelischen Kirche zu investieren."[38]

---

[38] Pompe, Hans-Hermann: *Mehr-wert. Wie es weitergehen kann...*, in: Kirchenamt der
Evangelischen Kirche in Deutschland (Hg.): epd-Dokumentation 41/2010, mehr-wert.
Mission in der Region. Dokumentation der Tagung zum Start des EKD-Zentrums
„Mission in der Region" (Kloster Volkenroda, 8.-9. Juni 2010), 39.

CARLA J. WITT: DAS DEUTSCHSPRACHIGE FRESH X-NETZWERK – ODER DIE BIOGRAFIE EINER BEWEGUNG

Am Anfang war das englische Vorbild

Wenn man die Biografie eines Menschen schreiben möchte, dann beginnt man damit, offizielle Dokumente über diese Person zusammenzutragen: Geburtsurkunde, Schulzeugnisse, Ausbildungs- oder Universitätsabschluss, usw. Je nachdem ob diese Person berühmt oder eher weniger berühmt ist, gibt es vielleicht auch einige Zeitungsartikel oder sogar bereits Bücher über sie.

Aber wie schreibt man eigentlich die Biografie einer Bewegung? Offizielle Dokumente gibt es auch hier, aber manchmal fangen die Probleme schon bei der „Geburtsurkunde" an – so wie beim deutschsprachigen *Fresh X-Netzwerk*.

„„Gemeinde 2.0"[1] war der Anfang", sagen die einen. „Aber davor gab es doch auch schon lockere Zusammenschlüsse und vor allem viele Reisen nach England", sagen die anderen. Genau genommen gab es seit den 1990er Jahren Besuche in England, die verschiedene Impulse von dort mitbrachten und das deutsche Gemeindeleben bereicherten, aber noch nicht das waren, was wir heute als *fresh expressions* bezeichnen.[2] Erst gegen Ende des ersten

---

[1] „Gemeinde 2.0 – Frische Formen für die Kirche von heute" war ein Kongress, der von 10. bis 12.03.2011 in Filderstadt bei Stuttgart stattfand.
[2] Zu nennen sind die beiden großen Kurse zum Glauben „Emmaus" (u.a. Herbst, Michael (Hg.): *EMMAUS. Auf dem Weg des Glaubens. Die Einführung*, Neukirchen-Vluyn 2010) und „Alpha" (http://alphakurs.de/veranstalter/) oder die gesamte, nicht zuletzt von Holy Trinity Brompton ausgehende Idee des *churchplanting*. Nicht zuletzt brachte das IEEG mit der deutschen Übersetzung des Bestsellers „Mission-shaped Church" (Herbst, Michael (Hg.): *Mission bringt Gemeinde in Form*, Neukirchen-Vluyn 2008 (3. Aufl.)) bereits 2006 das missionstheologische Denken der Anglikanischen Kirche in die deutsche Debatte ein. Parallel befasste man sich in Reutlingen schon sehr früh mit denselben Fragen, etwa in Forschung und Lehre des Praktischen Theologen Achim Härtner. Der Greifswalder Doktorand und badische Pfarrer Markus Weimer forschte als einer der ersten gründlich über die missionstheologischen Entwicklungen in England. In Zürich entstand am Lehrstuhl von Ralph Kunz parallel eine Dissertation von Sabrina Müller. Aus dem Bereich der missionarischen Werke im Rahmen der AMD und der landeskirchlichen Ämter für missionarische Gemeindeentwicklung und aus dem Evangelischen Jugendwerk in Württemberg gab es bei denen, die einen guten ‚Riecher' für künftige Entwicklungen haben, früh Interesse, ebenso bei Michael Diener, dem Präses des Gnadauer Gemeinschaftsverbandes. Von katholischer Seite war von Anfang der damalige Regens des Hildesheimer Priesterseminars Christian Hennecke einer der entscheidenden Promotoren und Vordenker für das Thema – nicht nur für die römisch-katholische Kirche.

Jahrzehnts im neuen Jahrhundert kam diese neue missionarische Denkweise auch in Deutschland an. Mit „Gemeinde 2.0" wurde dann erstmals eine große Konferenz in Deutschland veranstaltet,[3] die explizit die anglikanischen Veränderungen darstellte und gleichzeitig die deutsche Situation mit diesen Vorgängen in Verbindungen brachte.[4] Zur Vorbereitung dieser Konferenz schloss sich erstmals ein Sextett verschiedener Player zusammen. Diese waren zunächst das *Evangelische Jugendwerk in Württemberg* (EJW),[5] das Netzwerk *churchconvention*,[6] die *Vineyard-Gemeinschaften* in Württemberg,[7] das *Institut zur Erforschung von Evangelisation und Gemeindeentwicklung* (IEEG),[8] das *EKD-Zentrum Mission in der Region* (ZMiR)[9] und der evangelische *Kirchenbezirk Bernhausen*[10] – in dem die Konferenz stattfand. Jeder dieser Partner hatte vorher bereits mit der englischen „*fresh expressions of church*"-Idee Kontakt gehabt. Alle verband „die Frage, wie das Evangelium von Jesus Christus im 21. Jahrhundert in einer sich immer stärker fragmentierenden Gesellschaft so formuliert werden kann, dass die Menschen in unterschiedlichen Milieus einen Zugang dazu finden können."[11] Am Ende des Vorworts für den Dokumentationsband der Konferenz schreibt Markus Weimer, Mitglied im Leitungsteam von churchconvention, dass hiermit „die herausfordernden Gedanken rund um den Themenbereich ‚Fresh Expressions of Church' einem größeren Leserkreis" eröffnet werden sollten. „Nun heißt es, auf unterschiedlichen Ebenen unserer Kirche diesen Ball aufzunehmen und gemeinsam aufzubrechen – hin zu den Menschen."[12] Die englischen Partner ermutigten die deutschen Protagonisten, ja drängten manchmal freundlich, den Ball nun tatsächlich aufzunehmen. Allen voran sind hier Bob und Mary Hopkins zu nennen, die unermüdlich zwischen der Insel und dem Kontinent hin- und herreisten, um zu informieren, zu beraten,

---

[3] Für ein wissenschaftliches Publikum fand bereits im Oktober 2005 in Greifswald ein Symposium zum Thema „Gemeindepflanzung" statt, das vom IEEG durchgeführt wurde. Zur Dokumentation dieses Symposiums vgl.: Bartels, Matthias / Reppenhagen, Martin (Hg.): *Gemeindepflanzung – ein Modell für die Kirche der Zukunft?*, Neukirchen-Vluyn 2006.

[4] Vgl. dazu Hempelmann, Heinzpeter / Herbst, Michael / Weimer, Markus (Hg.): *Gemeinde 2.0. Frische Formen für die Kirche von heute*, Neukirchen-Vluyn 2011; vgl. für die folgenden Gedanken die Einführung von Markus Weimer zu Hempelmann / Herbst / Weimer 2011, 9f.

[5] http://www.ejwue.de.

[6] http://www.churchconvention.de/cc/.

[7] http://www.vineyard-region-stuttgart.de.

[8] http://www.ieeg-greifswald.de.

[9] http://www.zmir.de.

[10] http://www.evkifil.de.

[11] Hempelmann/Herbst/Weimer 2011, 10.

[12] Ibid., 18.

zu ermutigen und geistlich zu begleiten, was da in Deutschland passieren sollte. Und so entstand aus dem ursprünglich nur für die Planung der Konferenz gedachten Zusammenschluss ein Verbund Interessierter, der sich rasch weiter vergrößern sollte.

Im Frühjahr 2013 fanden dann zwei weitere große Konferenzen statt, bei denen *fresh expressions* ein wichtiges Thema waren: „Neues Wagen"[13] und „Kirche²"[14]. Zu beiden wurden – vor allem angeregt durch den Kongress „Gemeinde 2.0" – die Vertreter der englischen *„fresh expresssions"*-Bewegung eingeladen.[15] Durch diese Kongresse und deren Vorbereitungen verbreitete sich sowohl die Idee von *fresh expressions* in Deutschland als auch der Gedanke eines deutschsprachigen Netzwerkes.

Jetzt geht's wirklich los – Der Runde Tisch für Fresh X[16]

Am 10. und 11. Februar 2012 fand in Kassel der erste von bisher vier sogenannten *Runden Tischen* statt. Die Einladung für diesen sprachen Reinhold Krebs vom EJW und Markus Weimer von *churchconvention* aus. Die Teilnehmenden – teilweise noch etwas kritisch und distanziert – waren, neben denjenigen, die auch schon bei „Gemeinde 2.0" federführend gewesen waren, drei große Landeskirchen (die *Evangelische Landeskirche in Württemberg*, die *Evangelische Landeskirche in Baden* und die *Evangelisch-lutherische Landeskirche Hannovers*) sowie das *Bistum Hildesheim*, die *Methodistische Kirche in Deutschland*, die *Arbeitsgemeinschaft Missionarische Dienste* (AMD), der *Gnadauer Gemeinschaftsverband* und der *CVJM Gesamtverband*.

---

[13] Dieser Gnadauer Zukunftskongress fand vom 24. bis 27. Januar 2013 in Erfurt statt. Bemerkenswert ist hierbei, dass sich mit diesem Kongress der Gnadauer Gemeinschaftsverband sehr stark mit dieser neuen missionstheologischen Sichtweise identifizierte.

[14] „Kirche² – Ein ökumenischer Kongress" fand vom 14. bis 16. Februar 2013 in Hannover statt, er wurde von der Landeskirche Hannovers und dem Bistum Hildesheim ausgerichtet. Für mehr Details vgl. auch den Beitrag von Sandra Bils in diesem Band Seite 50.

[15] Reinhold Krebs schreibt dazu in dem Magazin *Zitronenfalter*: „Die englischen Freunde fragten, ob sie die Einladungen annehmen sollten. Wir waren selber überrascht und mussten erst recherchieren. ‚Vielleicht solltet ihr euch in Deutschland mal an einen Tisch setzen,' lautete ihr freundlicher Vorschlag." Aus: *Zitronenfalter. Kirche für morgen*, 2.2015, Nagold, 8.

[16] Quelle für die folgenden Ausführungen sind die – sehr ausführlichen – Protokolle der *Runden Tische* sowie einzelne Rückmeldungen von beteiligten Protagonisten. Die Autorin war selbst nicht bei den *Runden Tischen* anwesend.

Am *Runden Tisch* einigte man sich darauf, eine Initiative zur Förderung von „Neuen Ausdrucksformen von Kirche" koordiniert anzugehen. Dazu wurde eine *Steuerungsgruppe* ins Leben gerufen, welche sowohl die schon vorhandenen als auch die noch zu identifizierenden *Fresh X-Initiativen* bündeln und koordinieren sollte. Außerdem wurde die *Steuerungsgruppe* damit beauftragt, für vier abgesteckte Grundelemente, die zur Förderung und Umsetzung von *fresh expressions* dienen sollten, im folgenden Jahr konzeptionelle Arbeitsvorlagen zu erarbeiten. Diese vier Grundelemente waren: Advocacy – der Gewinn weiterer Protagonisten, vor allem auf den Leitungsebenen der Kirchen; Kommunikation – die Entwicklung eines allgemeinen Kommunikationskonzeptes; Training – die Übersetzung und Übertragung des aus England bekannten „Mission-shaped Ministry"-Kurses; und Theologie – die Sicherstellung der theologischen Begleitung und Fundamentierung der *Fresh X-Initiativen* und *-Aktivitäten*. Die Steuerungsgruppe wurde aus einigen Vertretern der verschiedenen Organisationen zusammengesetzt.[17] Dabei sollte das breite Spektrum des *Runden Tisches* so gut wie möglich abgebildet werden, ohne das missionarische Profil der ursprünglichen Idee zu vergessen.

Ein erstes wichtiges Projekt, das in den Bereich „Kommunikation" fiel, war das sogenannte „Storytelling". Dabei sollten bereits vorhandene *Fresh X-Initiativen* in Deutschland gefunden und in kleinen Video-Clips vorgestellt werden.[18] Die Recherche für diese Clips begann im Juni 2012 bei einer Sitzung der *Steuerungsgruppe* in Hannover. Als Auswahlkriterien wurden die vier Kennzeichen einer *fresh expression of church* zugrunde gelegt, die auch in England leitend sind: „missional", „contextual", „formational" und „ec-

---

[17] Mitglieder der ersten Steuerungsgruppe waren: Philipp Elhaus (AMD der Evangelisch-lutherischen Landeskirche Hannovers), Chistian Hennecke (Bistum Hildesheim), Michael Herbst (IEEG), Reinhold Krebs (EJW), Daniel Rempe (CVJM), Volker Roschke (AMD der EKD), Barry Sloan (Evangelisch-methodistische Kirche), Markus Weimer (churchconvention) – auch diese wurde, wie der Runde Tisch, im Laufe der Zeit immer mehr erweitert. Zuletzt waren im Juni 2015 folgende Personen eingeladen bzw. beteiligt: Oliver Ahlfeld (Gnadauer Gemeinschaftsverband), Jürgen Baron (CVJM), Martin Brändl (Evangelische Landeskirche in Württemberg), Birgit Dierks (AMD der EKD), Philipp Elhaus (AMD der Evangelisch-lutherischen Landeskirche Hannovers), Andreas Isenburg (AMD Westfalen), Matthias Kaune (Bistum Hildesheim), Reinhold Krebs (EJW, Geschäftsführung Fresh X), Sabrina Müller (Ref. Kirche Schweiz), Thomas Schlegel (Ev. Kirche in Mitteldeutschland), Barry Sloan (Evangelisch-methodistische Kirche), Patrick Todjeras (IEEG), Markus Weimer (churchkonvention, Evangelische Landeskirche in Baden).

[18] Auch hier stand das englische Vorbild Pate: Es hatte sich gezeigt, dass kurze Filme nicht nur bebildern, was Vorträge und Texte zu sagen versuchen, sondern auch in erheblichem Maß inspirieren und motivieren.

clesial".[19] Neben diesen Kriterien wurde auch auf die geographische und sozio-kulturelle sowie ökumenische Verteilung der Beispiele Wert gelegt. Die Initiativen wurden angefragt und gefilmt, die Filme wurden geschnitten und auf einer DVD zusammengestellt, die ab Januar 2013 erhältlich war. [20] Unter anderem durch eine großzügige finanzielle Unterstützung der SCM Stiftung war es möglich, 3000 DVDs zum Verkauf anzubieten. Zudem ist der Download von einzelnen Clips möglich.[21]

Ein entscheidender Faktor für eine Bewegung wie *Fresh X* ist eine gute Öffentlichkeitsarbeit. So wurde zur Schaffung eines Markenzeichens zunächst von der ursprünglichen Abkürzung „Fresh Ex" abgerückt und dann das heute bekannte *Fresh X-Logo* und der Claim „kirche. erfrischend. vielfältig." festgelegt. Kurz darauf wurde mit dem Aufbau der professionell gestalteten Homepage[22] begonnen, die ihren „Kick off" am 21. Februar 2013 hatte und seitdem regelmäßig viele Infos über *Fresh X* in Deutschland und das Netzwerk bereithält.

Der zweite *Runde Tisch* fand am 1. und 2. März 2013 in Kassel statt. Es kam eine Kontaktperson aus der Schweiz[23] hinzu.[24] Die wichtigste Entscheidung war die Erneuerung und breitere Bevollmächtigung der *Steuerungsgruppe,* der somit die Aufgaben eines „Geschäftsführenden Ausschusses" zukamen.

---

[19] „Vier grundlegende Merkmale charakterisieren eine *Fresh X*. Sie ist: *missional*: Eine *Fresh X* ist ausgerichtet auf Menschen, die noch keinen Bezug zu Kirche und Gemeinde haben. *Kontextuell*: Eine *Fresh X* ist eine neue Form von Gemeinde für unsere sich verändernde Kultur. Sie will ganz in ein bestimmtes Milieu eintauchen, um Kirche und Gemeinde in einem neuen Kontext Gestalt zu verleihen. *Lebensverändernd*: Eine *Fresh X* lädt Menschen in die Nachfolge Jesu ein. Persönliche Beziehungen und wachsender Glaube führen zur Lebensveränderung. *Gemeindebildend*: Eine *Fresh X* hat das Potenzial, eine vitale Form von Gemeinde zu werden. Sie ist kein Projekt auf Zeit, sondern eine neue Form von Gemeinde, geprägt vom Kontext und vom Evangelium." Von http://freshexpressions.de/ueber-fresh-x/was-ist-eine-fresh-x/ aufgerufen am 3.9.2015.

[20] Evangelisches Jugendwerk in Württemberg / Fresh X: *kirche. erfrischend. vielfältig. Fresh X. Praxisbeispiele*, 2013.

[21] http://www.ejw-buch.de/shop/multimedia/christlicher-film/fresh-x.html.

[22] www.freshexpressions.de.

[23] Sabrina Müller kommt aus dem *Schweizerischen Evangelischen Kirchenbund* (SEK), dieser ist der Zusammenschluss der 24 reformierten Kantonalkirchen, der Evangelisch-methodistischen Kirche und der Église Évangélique Libre de Genève in der Schweiz. Quelle: http://www.ref.ch/die-reformierten-kirchen/kirchen-institutionen/kirchenbund/.

[24] Im Sommer 2015 waren es mehr als 20 Partner. Unter http://freshexpressions.de/ueber-fresh-x/das-netzwerk/ können die Partner mitsamt dazugehörigen Kontaktdaten eingesehen werden.

Darüberhinaus ging es beim *Runden Tisch* vor allem darum, ein Netzwerk für *Fresh X* im deutschsprachigen Raum aufzubauen und die Idee weiter bekannt zu machen. Dabei wurden drei Ebenen identifiziert, auf denen dieses Netzwerk arbeiten und wirken sollte. Die erste Ebene ist die lokale Ebene mit einem Einzugsgebiet von ca. 70 km. Die lokalen *Fresh X-Initiativen* in diesem Umkreis sollen voneinander wissen und die Möglichkeit bekommen, voneinander und miteinander zu lernen.[25] Vor allem geschieht dies durch die mehrmonatige Durchführung von „Fresh X – der Kurs". Dabei lernen sich Christen aus verschiedenen Kontexten kennen, die an neuen Formen gemeindlichen Lebens interessiert sind, diese umsetzen wollen oder es bereits tun.

Vor allem aufgrund der föderalen Struktur Deutschlands kam auch eine zweite, eher regionale Ebene in den Blick, die nicht den Strukturen eines bestimmten Partners entspricht, aber doch die Partner eines geografischen Gebietes enger aneinander binden soll. Hier arbeiten beispielsweise Diözesen mit Kirchenkreisen oder Dekanaten zusammen, sie richten Kurse oder Infotage gemeinsam aus. Auch das Projekt „Kirche²" ist ein Beispiel auf dieser Ebene: Hier haben sich ein Bistum und eine Landeskirche zusammengetan.[26]

Die dritte Ebene ist die nationale Ebene des Netzwerkes, die besonders für die Themenbereiche „Kommunikation", „Kompetenzbildung und Kursmaterialien" und „Wissensmanagement" autorisiert wurde. Die Trägerschaft für diese dritte Ebene und die Geschäftsführung für das Netzwerk liegen beim *EJW* in Stuttgart, namentlich vor allem bei Reinhold Krebs.

Fresh X-das Team[27]

Für das Netzwerk war es von Anfang an ein großer Gewinn, dass Menschen diese Idee so stark auf dem Herzen hatten, dass sie bereit waren, sich ehren- oder nebenamtlich einzubringen. Ein noch etwas größerer Gewinn war es, dass das *EJW* ab Sommer 2012 Reinhold Krebs zu 30% für das nationale Netzwerk freistellte und dass Mittel aus den USA akquiriert werden konnten. Von September 2012 bis Februar 2014 konnten so zwei Menschen (Michael und Regine Born) angestellt werden, die die Koordinationsarbeit in der

---

[25] Unter anderem aus diesem Grund wurde auf der Homepage die Möglichkeit eingerichtet, sich als *Initiative* zu registrieren und auf einer Landkarte einzutragen: http://freshexpressions.de/vor-ort/fresh-x-lokal.

[26] Für einen tieferen Einblick in dieses Projekt vgl. den Beitrag von Sandra Bils in diesem Band Seite 57.

[27] Für eine aktuelle Liste der Mitarbeitenden, die direkt für Fresh X arbeiten vgl.: http://freshexpressions.de/ueber-fresh-x/kontakt/ – viele andere sind in ihren Organisationen mit dem Thema beschäftigt.

Start-up-Phase übernehmen konnten. Möglich wurde dies durch die amerikanische Stiftung Maclellan, die seitdem das deutschsprachige *Fresh X-Netzwerk* mit viel Geld unterstützt und dieses Geld auch noch bis 2017 zugesagt hat.

Momentan stehen 1,7 Stellen auf nationaler Ebene zur Verfügung. Neben dem zentralen Büro in Stuttgart sind Personen in Essen, Nürnberg und Greifswald über das gemeinsame Budget finanziert. Inzwischen sind darüber hinaus auch in anderen Regionen Deutschlands Menschen mit einer Projektstelle zu *Fresh X* am Werk.

Zwischen dem Schreiben dieses Textes und dem Erscheinen des Buches werden vermutlich noch einige hinzugekommen sein. Sie arbeiten in Landeskirchen, bei freien Werken und Trägern und auch an Universitäten. Sie alle vereint die Leidenschaft für *Fresh X* und der Wunsch, die vielen einzelnen Projekten miteinander zu vernetzen, sodass im gesamten deutschsprachigen Raum frische Formen von Gemeinde voneinander lernen können.

Fresh X – Der Kurs

Schon bei „Gemeinde 2.0" war klar, dass der nächste Schritt zur Implementierung der „fresh expressions"-Idee in Deutschland die Einführung des MSM-Kurses („Mission-shaped Ministry")[28] sein müsste. Dieser Kurs besteht aus insgesamt 30 Einheiten, von denen 20 ausgewählt werden sollen, die dann an einzelnen Abenden, an mehreren Samstagen und an kompletten Wochenenden durchgeführt werden können. Der Kurs ist darauf angelegt, Menschen dazu zu befähigen und dabei zu unterstützen, Kirche erfrischend vielfältig leben zu lernen, d.h. vor Ort eine *Fresh X* zu gründen, oder – wenn es nicht „dran" ist – trotzdem mit einer anderen Grundhaltung (*mixed economy* und *missional*) Kirche zu leben.

Schon bald nach der Konferenz bildete sich ein Team, aus Mitarbeitenden des EJW und von churchconvention, das diesen Kurs durchführen wollte. Außerdem wurden ehrenamtliche Übersetzer gesucht, die zunächst die für den Kurs notwendigen Materialien übersetzten. Das Kursteam traf sich zum ersten Mal im Oktober 2011.

Vom 21. Februar bis 21. Juli 2012 fand dann in Filderstadt bei Stuttgart der Pilotkurs unter dem Titel „BTG-Kurs" (Basis-Training Gemeindeinnovation) mit 35 Teilnehmenden plus Team statt. Trotz Anfangsschwierigkeiten, vielen Nachtschichten und wenig übersetztem Text gab ein inspirierendes Team sein Bestes. Eine gastfreundliche, herzliche Atmosphäre und

---

[28] http://www.missionshapedministry.org.

eine engagierte Kursgruppe trugen dazu bei, dass fruchtbare Gedanken daraus entstanden bzw. Projekte eine klare Kontur bekamen, wie z.b. das Nagelstudio Nail X[29] oder der LaifHof in Wankheim[30].

Schnell wurde klar, dass es nicht bei einer rein sprachlichen Übersetzung bleiben konnte, sondern dass auf lange Sicht die Kurs-Einheiten in Form und Inhalt an den deutschen Kontext und für das *Fresh X-Netzwerk* angepasst werden mussten. Mit den Rückmeldungen aus dem Pilotkurs und weiterer – professioneller – Übersetzungsarbeit lag Anfang 2013 eine „Version 1.0" vor. Mit dieser Version wurden dann weitere Kurse begonnen. Die sogenannte Erprobungsphase begann im Februar 2013 mit einem Kurs in Tübingen. Es folgten im Jahresverlauf weitere Kurse in Freiburg und Lörrach (Südbaden), Reichenbach (Sachsen) und Merklingen/Laichingen (Württemberg).[31] Mit dem Feedback aus diesen Kursen ging es in eine weitere Überarbeitungsphase. Dabei führte das Team sogenannte „Schreibtage" ein, an denen es sich 3-4 Tage traf und in Zweier-Teams konzentriert an einzelnen Einheiten arbeitete. Heute liegt weitgehend eine „Version 2.0" vor, in der schon viele Inhalte auf den deutschen Kontext adaptiert sind. Weitere Hinweise darauf, wo noch nachgebessert werden kann, erhofft sich das Team auch aus der Evaluation, welche im September 2013 entwickelt wurde und sich zur Zeit ebenfalls in der Erprobungsphase befindet.[32]

Insgesamt muss man sich bei diesem Prozess der Übersetzung und Anpassung des Kurses immer wieder vor Augen führen, dass ca. 700 Seiten für die Kursleitung, ca. 500 Seiten für Teilnehmende und ca. 1000 Power Point-Folien sowie etliche Video-Clips in Layout und Inhalt angepasst werden mussten.

Die Etablierungsphase

Beim *dritten Runden Tisch*, der am 28. Februar und 1. März 2014 in Hannover stattfand, wurde entschieden, das Netzwerk verbindlicher zu handhaben, über neue Partner gemeinsam zu entscheiden und dass alle Partner eine Vereinbarung unterschreiben müssten. Außerdem wurde noch einmal die Übersetzung der *Fresh X-Definition* angepasst.[33]

---

[29] http://www.nailx.de.

[30] http://www.laifhof.de.

[31] In Hannover wurde in diesem Zeitraum auch ein Kurs durchgeführt. Die Übersetzung kam allerdings etwas anders zustande, und er trägt den Titel „Kirche²". Vgl. dazu den Beitrag von Sandra Bils in diesem Band.

[32] Diese Evaluation wird vom IEEG (Carla J. Witt) in Zusammenarbeit mit Clarity Research, USA (S. Scott Friderich) durchgeführt.

[33] Für die aktuelle Version s. http://freshexpressions.de/ueber-fresh-x/was-ist-eine-fresh-x/.

Sowohl für die gesamte Organisation als auch für einzelne Personen und Orte wurden drei Prozess-Phasen herausgearbeitet: Kommunikation (*Vision sharing*), Kompetenz (*Training*), Kontinuität (*Begleitung*). Auf allen Ebenen ist das Netzwerk auf diese drei Phasen ausgerichtet und versucht in diesen drei Bereichen die Entwicklungen weiter voranzutreiben. Dazu stellt die nationale Ebene die Tools sowie die Medien und Strategie-Entwicklungen zur Verfügung.

Der *vierte Runde Tisch* fand am 6. und 7. Februar 2015 in Hannover statt. Dort wurde eine „Spurgruppe *Fresh X* nach 2017" ins Leben gerufen, die den Auftrag hat, bis Anfang 2017 eine mittelfristig tragfähige Plattform für die deutsche *Fresh X-Bewegung* auf nationaler Ebene zu entwickeln. Außerdem wurde der *geschäftsführende Vorstand*,[34] den die *Steuerungsgruppe* im Mai 2014 benannt hatte und der vor allem für kurzfristig notwendige Entscheidungen und die Vorbereitung der Sitzungen der *Steuerungsgruppe* zuständig ist, vom *Runden Tisch* bestätigt. Derzeit werden an vielen Stellen mündliche Vereinbarungen verschriftlicht – vom Netzwerk zur Organisation. Die Beteiligten sehen immer deutlicher, dass das Netzwerk eine stärkere Verbindlichkeit braucht – auch im Hinblick auf die Zeit ab 2017.

... und wie geht es weiter?

Es lässt sich nur erahnen! Wenn man auf die letzten drei Jahre zurückblickt, kann man mit einiger Sicherheit davon ausgehen, dass im *Fresh X-Netzwerk* immer an irgendeinem Ort etwas Neues und Innovatives erarbeitet und erdacht wird.

Vereinzelt hat es schon Angebote in der Ausbildung von Theologiestudierenden gegeben, die sich mit *fresh expressions* beschäftigen (Göttingen, Greifswald, Reutlingen). An der Universität in Greifswald (IEEG) wird es im Wintersemester 2015/2016 und im Sommersemester 2016 erstmals ein Modul für Studierende geben, in welchem sich diese in zwei Seminaren, einer Vorlesung und vier Übungen intensiv mit dem Thema *Fresh X* auseinandersetzen können. Auch ein nationales Fort- und Weiterbildungsformat ist in Vorbereitung. Berufsbegleitend sollen hier Theorie und Praxis mehr miteinander verbunden werden. Beide Maßnahmen sorgen dafür, dass *Fresh X* nicht mehr nur etwas für ein paar einzelne „exotische" Hauptamtliche ist, sondern dass jede Pfarrerin, jeder Pastor, jede Predigerin und jeder Priester in seiner oder ihrer Gemeinde dazu ermutigen kann, auf neue Zielgruppen zuzugehen und neue Formen der Weitergabe des Evangeliums auszuprobieren.

---

[34] Mitglieder in diesem Vorstand sind: Reinhold Krebs, Markus Weimer, Philipp Elhaus und Birgit Dierks – sowie bis Frühsommer 2015 Michael Herbst.

Eine große Herausforderung besteht darin, dass sowohl die finanzielle Unterstützung von Maclellan als auch die Trägerschaft des EJW nur noch bis 2017 garantiert sind. Es gilt, aus dem Netzwerkzusammenschluss eine tragfähige Organisation zu formen, die auch finanziell auf eigenen Füßen stehen kann. Wie das dann konkret aussehen wird, gilt es noch zu erarbeiten.

Ganz sicher ist: Diese Biografie ist noch lange nicht an ihrem Ende angelangt. Das *Fresh X-Netzwerk* wird weiter wachsen. Es werden neue Partner dazukommen, und die Idee von *Fresh X* wird sich in Deutschland, Österreich und der Schweiz immer mehr und weiter ausbreiten. Es werden sich neue Gemeindeformen bilden, und vielleicht werden auch einige davon wieder sterben. Es ist ein Wesensmerkmal von *Fresh X,* Fehler zuzulassen und konkret danach zu fragen, wie das Evangelium für Menschen in ganz unterschiedlichen Lebenswelten relevant sein kann.

SANDRA BILS: KIRCHE² – EINE ÖKUMENISCHE BEWEGUNG

In den vergangenen Jahren hat sich durch enge ökumenische Kontakte und Kooperationen das Netzwerk „Kirche² – Eine ökumenische Bewegung" aus unterschiedlichen Konfessionen, Gruppen und Einzelpersonen zusammengefunden. Gemeinsam versuchen sie, Kirche im Kontext von Tradition und Innovation vor dem weiten norddeutschen Horizont ökumenisch zu denken und kreativ zu gestalten.

Im Jahr 2006 waren Kontakte einzelner Fachreferentinnen und Fachreferenten der Evangelisch-lutherischen Landeskirche Hannovers und des römisch-katholischen Bistums Hildesheim Ausgangspunkt für erste regionale ökumenische Begegnungen. Dieser kollegiale Austausch evangelischer und katholischer Hauptamtlicher aus den Feldern Missionarische Dienste und Missionarische Seelsorge, Ökumene sowie Aus- und Fortbildung war erfreulich fruchtbar. Zum einen führte das Kennenlernen der Kolleginnen und Kollegen der jeweils anderen Konfession und deren konkreter Arbeitsfelder in der Parallelstruktur zu einem großen Wissenszuwachs in ökumenischer Hinsicht. Zum anderen wurde während der gemeinsamen Suche nach einer zukunftsfähigen ökumenischen Ekklesiologie und Ekklesiopraxis wahrgenommen, dass die herausfordernde Situation von Landeskirche und Bistum, die offenen Fragen sowie die Erwartungen und Sehnsüchte der Kolleginnen und Kollegen anschlussfähiger waren als erwartet.

Dies entwickelte sich so weit, dass innerhalb der Gruppe ein deutlicher Wunsch nach Vertiefung der ökumenischen Begegnungen und Beziehungen sowie nach Kooperation und Kollaboration ausgedrückt wurde. Dadurch entstand ein geistlicher Prozess, der bis heute von Dialog und Hören geprägt ist und von dem alle ökumenischen Partner gleichermaßen profitieren.

Das gemeinsame Lernen von- und miteinander im persönlichen und thematischen Austausch wurde durch die regionale Ausweitung der Lernfelder sowie durch weitere ökumenische Netzwerkpartner bereichert. Seit 2009 fanden erste Studienreisen nach Großbritannien statt, die zusammen mit begleitenden, regionalen Studientagen die Erfahrungen der Anglikanischen Kirche im Zusammenhang mit *fresh expressions* und *mixed economy* theologisch reflektierten.[1]

---

[1] Elhaus, Philipp / Hennecke, Christian / Stelter, Dirk / Stoltmann-Lukas, Dagmar (Hg.): *Kirche². Eine ökumenische Vision*, Würzburg/Hannover 2013, 11ff.

Zunehmend wurde der Wunsch nach einer weiteren Vertiefung dieser gemeinsamen Suchbewegungen von ersten Ideen einer breiteren Multiplikation der Erfahrungen begleitet.

Darin sollten erste Schritte einer Kirchenentwicklung in ökumenischer Weite noch mehr Menschen mit Leidenschaft für ihre Kirche im norddeutschen Raum bzw. darüber hinaus zugänglich gemacht werden. Neben den inspirierenden *fresh expressions of church* in England sollten darin auch andere weltkirchliche Impulse (u.a. aus dem Bistum Poitiers, den Philippinen sowie den USA) und vor allem die Dynamik der vielen kleinen regionalen Aufbrüche in den norddeutschen Gemeinden und Kirchen vorkommen.

Vom 14.–16. Februar 2013 fand dazu schließlich unter dem Titel „Kirche[2] – Ein ökumenischer Kongress" in Hannover eine Konferenz mit 1400 Teilnehmern vor Ort und 14.000 virtuellen Zuschauern des Livestreams im Internet statt.

Durch die Unterstützung von Landeskirche und Bistum konnten daraufhin zwei Projektstellen eingerichtet werden, um die ersten ökumenischen Erfahrungen sowie die Impulse des Kongresses nachhaltig weiterentwickeln zu können. So wuchs der Kreis der ursprünglichen Impulsgeber um eine neue Generation der Unterstützer der Kirche[2]-Idee.

Weitere Konfessionen kamen auf unterschiedlichen Ebenen als ökumenische Kooperationspartner hinzu, wie z.B. die Evangelisch-reformierte Kirche, der Hannoversche Verband Landeskirchlicher Gemeinschaften und der Bund Evangelisch-Freikirchlicher Gemeinden. Zudem konnten Vernetzungen mit der Arbeitsgemeinschaft christlicher Kirchen in Niedersachsen, der Arbeitsgemeinschaft missionarische Dienste und weiteren Kooperationspartnern geschaffen werden. Dadurch entwickelte sich die vorher bilaterale Ökumene hin zu einer Wahrnehmung der Vielfalt auch innerhalb der eigenen Konfessionen und dem Entdecken spannender Potentiale von Vernetzung über vermeintliche Grenzen von Theologie und „spirituellen Dialekten" hinweg.

Durch diese unterschiedlichen Partner und das plurale Netzwerk kann Kirche[2] die drei Hauptschwerpunkte ihrer Arbeit gestalten:
- Ausbildung und Begleitung von Pionieren, die neue Formen von Gemeinde und Kirche suchen und ermöglichen möchten (*Fresh X*)
- Unterstützung einer Haltung, auf missionale, inkarnatorische und kontextuelle Art und Weise Kirche zu sein („mission-shaped church")
- Förderung einer symbiotischen Verschränkung aus traditionellen, gewachsenen Kirchenerfahrungen und innovativen, neu entstehenden Formen von Gemeinde und Kirche (*mixed economy*).[2]

---

[2] Ibid., 480.

Fresh X – Der Kurs

Bereits bei den Studienreisen nach England und auch später, angestoßen durch die ekklesiologischen Reflexionsprozesse, wuchs der Wunsch nach einem Ausbildungsmodell, inspiriert durch das englische Vorbild der „*Mission-shaped Ministry*"-Kurse. Dort werden seit Jahren Einzelpersonen und Teams ausgebildet, die Entstehung und (Weiter-)Entwicklung neuer Formen von Gemeinde und Kirche, wie den *Fresh X*, zu fördern.

Da Kirche[2] durch die beschriebene prägende Entstehungsgeschichte als ökumenische Lerngemeinschaft bereits erste Lern- und Kontextualisierungserfahrungen gemacht hatte und noch kein geschlossenes deutsches Kurskonzept des deutschsprachigen *Fresh X-Netzwerks* vorlag, musste mit einem lokalen Kontextualisierungsprozess begonnen werden. Dazu wurde das englische Kursmaterial in den norddeutschen Kontext übersetzt. Es blieb dabei nicht bei einem rein linguistischen Übersetzungsprozess. Vielmehr wurde aus einer *translation* eine *transformation*[3] im Sinne eines ausführlichen Kontextualisierungsprozesses. Die Loyalität gegenüber dem englischen Ursprungsmaterial ist durch die Beibehaltung der sogenannten *core values* und *learning outcomes* innerhalb der Unterrichtseinheiten garantiert. Die Kontextrelevanz in Bezug auf die norddeutsche Situation für Kirche[2] wiederum wurde durch induktive und reflexive Methoden sichergestellt. Als theologische Begleitung, Reflexion und Deutung dieses Prozesses entstand im Vollzug auch eine Dissertation zu diesem Thema.[4]

Die Erfahrungen und Reflexionen von Kirche[2] im Hinblick auf eine Kirchenentwicklung mit ökumenischer Weite konkretisierten sich hier ein weiteres Mal, und zwar konkret in der Praxis der Erstellung des Kursmaterials sowie im Durchführungsprozess. Die fruchtbarsten Lernerfolge haben sich im Zusammenhang von Kirche[2] nie durch das buchstäbliche Kopieren interessanter Best Practice Beispiele aus anderen Kontexten oder Konfessionen gezeigt. Am dienlichsten hingegen war das oft narrative Teilen authentischer Erfahrungen in den individuellen Kontexten, die wiederum zu Paradigmen für eigene Kontextualisierungsprozesse wurden.

Diese Grunderfahrung aus der Entstehungsgeschichte von Kirche[2] prägt bis heute die Arbeit im Team und darüber hinaus. Vielfältigste Erfahrungen anderer mit Neugier wahrzunehmen und weder als direkte Kopiervorlage

---

[3] Vgl. dazu. Hordern, William E.: *New Directions in Theology Today*, Westminster 1966, 141-154.

[4] Bils, Sandra: *Mind the Gap. The Relevance of Contextualization for the Training Course*. Fresh X – Der Kurs by Kirche[2]. Doctor of Ministry. Paper 107/2015 http://digitalcommons.georgefox.edu/dmin/107.

noch als störende Fremdheitserfahrung zu verstehen, eröffnet kostbare Entwicklungsräume.

Diese Art, ökumenisch zu lernen und narrativ eigene Hoffnungen und Träume zu teilen, löst unwillkürlich eine missionarische Leerstelle aus, in der neue Formen von Kirche entstehen und ausprobiert werden können. Dieses Konzept einer ganzheitlichen Kirchenentwicklung hat lokale Bezüge und öffnet Räume für Emergenz. Ganzheitliche und multidimensionale Reflexionen schenken so Transformation und Reformation in unterschiedlichsten Kontexten von Landeskirche und Bistum sowie innerhalb und außerhalb kirchlicher Strukturen.

Diese Haltung fand u.a. Niederschlag in den ersten beiden Jahresausbildungen „Fresh X – Der Kurs von Kirche[2]", die von Herbst 2013 bis Sommer 2015 stattfanden. Die über 40 Teilnehmerinnen und Teilnehmer aus Haupt- und Ehrenamt waren eine ausgewogene Mischung an konfessionellem Hintergrund, Alter sowie Geschlecht und Berufung. An sechs Wochenenden wurden u.a. folgende Themenfelder bearbeitet: Kontextanalyse, Wahrnehmende Haltung, Sozialraumerkundung, Mission, Werte und Normen, Ekklesiologie, Nachfolge, Spiritualität, Teambildung, Leitung und Begleitung, Evangelium und Kultur sowie Vision und Berufung. Ziel des Kurses ist die Ausbildung und Begleitung von Teams und Einzelpersonen sowie neue Formen von Kirche zu entdecken und zu fördern.

Die folgenden drei Beispiele verdeutlichen das Engagement von Kirche[2] in Bezug auf *Fresh X*:[5]

- Beispiel 1 (Fresh X-Tanzinitiative Ebstorf) entstand im Zusammenhang der *Fresh X*-Kursteilnahme und befindet sich noch im Aufbau.
- Beispiel 2 (Internationales Cafe, Winsen) ist eine bestehende *Fresh X*, die die Kooperation mit Kirche[2] als Begleitung und Coaching für den Fortbestand der Arbeit wertet und die Kursteilnahme als Lernort und inspirierende Außenperspektive sowie kollegiale Begleitung sieht.
- Beispiel 3 (Exodus Hannover) entstand unabhängig und versteht sich als wandernde ökumenische Gottesdienstgemeinschaft. Man könnte sie auch als *Fresh X* bezeichnen. Die Gruppe kooperiert eng mit Kirche[2] und fühlt sich der Bewegung eng verbunden. Oft dient sie als ermutigendes Lernbeispiel und wird daher oft mit anderen Pionieren vernetzt.

---

[5]   Weitere konkrete Beispiele neuer Ausdrucksformen von Kirche im Zusammenhang mit Kirche[2] sind: *Fresh X* als Filmprojekt, *Fresh X* im Altenheim, *Fresh X* für neue Raumnutzung in der Hochschulgemeinde, Chaoskirche als innovative Gemeinschaft junger Familien, Ökumenische Kirchennutzung mit integriertem Altenheim, *Fresh X* als Ordensneugründung, *Fresh X* als Pioniererfahrung in Ostdeutschland.

Fresh X-Tanzinitiave Ebstorf

Tanzpädagogin Iria Otto hat sich zu einer Teilnahme am *Fresh X-Kurs* entschieden, weil sie nicht mehr innerlich zwischen Tanzworkhops und Gottesdiensten pendeln wollte, sondern sich eine Gemeinschaft wünschte, in der
ganzheitlich sowohl Tanz und Bewegung als auch christliche Spiritualität
künstlerisch und liturgisch verwoben werden. Daraus entstand eine kleine
Gemeinschaft, die sich zu monatlichen Tanzgottesdiensten und Tanzwochen-
enden trifft.

Internationales Café Winsen

Angestoßen durch eine neue Flüchtlingsunterkunft in Winsen, begann die
Kirchengemeinde St. Marien, unterstützt durch Kirchenkreis und Landkreis,
ein monatliches Café für Flüchtlinge anzubieten. Aus dem diakonischen
Engagement rund um Pastor Markus Kalmbach und seinem Team ist eine
rasch wachsende *Fresh X* entstanden. Viele Ehrenamtliche bringen sich
mittlerweile in den vielen Gruppen und Einzelangeboten (Deutschkurse,
Begleitung zu Ämtern und Ärzten, mehrsprachiger Gottesdienst, Vermitt-
lung gemeinnütziger Arbeit) ein und haben so einen neuen Zugang zur
Kirchengemeinde vor Ort gefunden. Das Internationale Café ist mittlerweile die größte sich regelmäßig treffende Gruppe im Kirchenkreis Winsen
und wird vom Superintendenten Christian Berndt als *Fresh X* bezeichnet
und gefördert.

Exodus Hannover

Einmal im Monat versammelt sich die ökumenische Exodusgemeinschaft
zum Gottesdienst. Ihre Liturgien sind von Lobpreismusik, Gebet und kreativen Gestaltungselementen geprägt und finden bewusst an unterschiedlichen
Orten statt (evangelische und katholische Kirchengebäude, aber auch Gottesdienste in einer Kirchenruine, im U-Bahnschacht und sogar in der Ge-
denkstätte eines Konzentrationslagers). Die missionarische Gottesdienstgemeinschaft reduziert sich nicht auf das sonntägliche liturgische Treffen. Bei
Aktionen auf dem Wochenmarkt werden zum Beispiel am Valentinstag Liebende gesegnet.

Aus dem Vorhergehenden wird deutlich, dass explizite und klar benenn-
bare *Fresh X* nur einen Teil der Arbeit von Kirche² ausmachen. Es gab und
gibt auch andere Formen mit ähnlichen Ausprägungen, wie zum Beispiel
Kleine Christliche Gemeinschaften, Basisgemeinden oder Aufbrüche unter
dem Stichwort „Lokale Kirchenentwicklung", ausgehend von der katholischen kirchlichen Verfasstheit. Diese sollten nicht umdeklariert und unter dem Schlagwort *Fresh X* vereinnahmt werden. Eher sollte mit den
Wahrnehmungsparametern der *mixed economy* wertgeschätzt werden,
welche unterschiedlichen Formen von Kirche in den Kontexten bereits

vorfindlich sind, und diese in gleichem Maße unterstützt und gefördert werden.

Durch eine solche aufmerksame und interessierte Haltung gegenüber bestehenden Formen, gerade auch innerhalb der bestehenden Kirchenstruktur, wird die konfrontative oder konkurrenz-witternde Haltung des „Das haben wir schon immer so gemacht" oder des „Das sollen wir jetzt auch noch machen" aufgelöst. Die neuen Ausdrucksformen von Kirche zeichnen sich nicht unbedingt immer dadurch aus, dass sie neu entstehen, sondern, dass sie auf eine neue Art und Weise ihr Kirche-sein verstehen und gestalten. Dies kann durchaus in traditionellen Formen und bestehenden Strukturen geschehen. *Fresh X* und andere neu entstehende Formen von Kirche sind daher nie Ersatz oder disruptive Nachfolge traditioneller Kirchenerfahrungen in bestehenden Strukturen. Sie sind nur ein Teil der Wirklichkeit; dabei jedoch eine kostbare Ergänzung im Sinne einer *mission-shaped church* innerhalb eines „*mixed economy*"-Kirchenverständnisses.[6]

Vernetzung und Beziehungsarbeit

Kirche[2] ist in diesem Zusammenhang vernetzend tätig und stellt gerade immer wieder auch in ökumenischer Hinsicht Verbindungen und Kontakte her. Dies geschieht konkret durch eine aufwändige digitale Medienarbeit auf der eigenen Webpräsenz und in Bereich Social Media sowie durch lokale Begleitung von Einzelpersonen und Teams vor Ort in Coachings, Beratungen und Workshops. So werden bspw. Teams, Gemeinden und ganze Kirchenkreise in Prozessen unterstützt und begleitet. Der Transfer von ermutigenden Beispielen von Kirche in die regionale Fläche Norddeutschlands ist auch auf den halbjährlichen regionalen Impulstagen sichtbar wie z.b. der Ökumenischen Landpartie. Auch regelmäßige ökumenische Ekklesiologie-Tagungen von Kirche[2] in Loccum und ähnliche Formate vernetzen unterschiedliche Interessierte in diesem Feld und fördern deren weitere Reflexionsprozesse sowie theologische Forschung.

So wird Kirche[2] zunehmend zu einem ökumenisch-missionarischen Kommunikationsort. Zum einen als Anlaufstelle und Dienstleister für interessierte und suchende Pioniere, zum anderen als Reibungsfläche für glimmende

---

[6] Bezeichnend ist, wie viel gefestigter der Terminus Technicus *fresh expressions* in Deutschland im Gegensatz zu „mission-shaped church" ist. In England heißen die Ausbildungskurse bewusst „mission-shaped ministry"-Kurse und sind dadurch terminologisch und inhaltlich keine Engführung allein auf *fresh expressions*. Zukünftig sollte im theologischen Diskurs wieder vermehrt auf den Zusammenhang von *fresh expression* als Formen einer „mission-shaped church" innerhalb einer *mixed economy* geachtet werden.

Sehnsüchte und Hoffnungen. Viele Haupt- und Ehrenamtliche sehnen sich nach alltagsrelevanten Nachfolgegemeinschaften, innerhalb und außerhalb traditioneller Kirchenstrukturen. Sie hoffen auf die Emergenz ekklesiologischer und ekklesiopraktischer Experimente mit ökumenischer Weite.

Kirche^2 teilt diese Hoffnung und will kontextualisierte und missionarisch-inkarnierte Prozesse fördern, um als ökumenische Lerngemeinschaft im Hören auf Gottes Wort und Geist neue Formen der Kirche Jesu Christi wahrzunehmen und an deren emergenter Entstehung mitzuwirken.

PATRICK TODJERAS: MISSIO DEI – GOTT, SEINE MISSION UND DIE KIRCHE

Zu Beginn eine Geschichte:
Der Vikar hat beim Gottesdienst Probleme mit der Mikrofonanlage. Bei der Begrüßung klopft er einige Male drauf, ist unsicher, ob es klappt. So ruft er: „Mit dem Mikrofon stimmt etwas nicht!" Liturgisch routiniert antwortet die Gemeinde: „Und mit deinem Geiste!"

So oder ähnlich kommt mir zuweilen der Gebrauch und der Umgang mit zentralen Begriffen der Missionstheologie vor – auch der *missio Dei* . Routiniert und im Einzelfall geistlos wird die *missio Dei* -Theologie, die zu einer der größten Paradigmenwechsel der Missionstheologie im 20. Jahrhundert zählt, in reformorientierte Bemühungen glanzlos eingefügt oder darin subsummiert. Im Folgenden wird dem Begriff und dem Inhalt eigens Aufmerksamkeit gewidmet.

missio Dei – theologisches Fundament für fresh expressions

Fresh expressions of church beziehen sich in ihrer theologischen Reflexion wesentlich auf den Begriff *missio Dei* .[1] Dabei steht der viel zitierte Satz aus dem Anglikanischen „Mission-shaped Church"-Report vor Augen: „Es ist nicht die Kirche Gottes, die einen missionarischen Auftrag in der Welt hat, vielmehr hat ein missionarischer Gott eine Kirche in der Welt."[2] Es scheint eine Neuordnung der Begriffe „Kirche", „Gott", „Mission" und „Welt" zu geben. Diese Neu- und Zuordnung zeigt sich keinesfalls erst in den Diskussionen der letzten 10 Jahre (seit der Geburtsstunde von *fresh expressions of church* 2004); sie ist vielmehr tief im ökumenischen Diskurs seit den 1950er-Jahren begründet. Tatsächlich hat sich die *„missio Dei"*-Theologie

---

[1] Moynagh, Michael: *Church for Every Context. An Introduction to Theology and Practice*, London 2012, 121-150.
Goodhew, David / Roberts, Andrew / Volland, Michael: *Fresh! An Introduction to Fresh Expressions of Church and Pioneer Ministry*, London 2012, 24-36.
[2] „It is not the Church of God that has a mission in the world, but the God of mission who has a Church in the world." Church of England's Mission and Public Affairs Council (Hg.): *Mission-shaped Church. Church Planting and Fresh Expressions of Church in a Changing Context*, London 2004, 85. dt: Herbst, Michael: *Mission bringt Gemeinde in Form. Gemeindepflanzungen und neue Ausdrucksformen gemeindlichen Lebens in einem sich wandelnden Kontext*, BEG Praxis, Neukirchen-Vluyn 2006, 162.

(trotz unterschiedlicher Schwerpunktsetzungen) in den christlichen Kirchen nach der Weltmissionskonferenz in Willingen 1952 weitgehend durchgesetzt und ist für viele Kirchen zu einem Bezugspunkt ihrer Theologie geworden[3] – so auch für *fresh expressions of church*.

Diese Schwerpunktsetzung und die Rezeption des Begriffs im Blick auf die *fresh expressions of church* ist dem versöhnlichen, brückenschlagenden Charakter der „*missio Dei*"-Theologie zu verdanken, die eine ökumenische Lerngemeinschaft ermöglicht.[4] Damit ist die aus dem britischen Raum kommende Bewegung, die seit einigen Jahren den europäischen und damit auch den deutschsprachigen Kontext[5] erreicht hat, an dieser Stelle zu einem Vorbild theologischer Verständigung geworden.

Von Beginn der reformgesinnten Überlegungen in der Anglikanischen Kirche[6] an ist das Verständnis von *missio Dei* als Ursprung kirchlichen Seins und Handelns in der Mitte des theologischen Selbstverständnisses und Denkens verankert.[7]

Im Folgenden sollen die Herkunft des Begriffs und die Konzepte von *missio Dei* zunächst dargestellt werden. Kurz sollen die zwei pointiertesten Flügel der *missio Dei*-Theologie vorgestellt werden. Schließlich wird nach den Konsequenzen der *missio Dei* für die Kirche, und besonders danach, wie sie sich in *fresh expressions of church* zeigen, gefragt.

---

[3] Siehe dazu: Bosch, David: *Transforming Mission. Paradigm Shifts in Theology of Mission*, Maryknoll / New York 1991, 390-391.

[4] Eine Stärke des *missio Dei*-Ansatzes, die sich bereits in der *Fresh X-Bewegung* zeigt, besteht darin, dass er eine bunte Mischung von unterschiedlichen theologischen Strömungen beheimaten kann. Nicht nur der ökumenische Horizont, sondern auch die vielen Facetten innerhalb der bestehenden christlichen Traditionen finden über die „*missio Dei*"-Theologie Gesprächs- und Anschlussmöglichkeiten mit Gottes weiter Kirche. David Goodhew u.a. weisen auf dieses besondere Potential der *missio Dei* hin: Goodhew/Roberts/Volland 2012, 73.

[5] Zum Einfluss der *fresh expressions of church* auf den deutschsprachigen und europäischen Kontext siehe: Hempelmann, Heinzpeter / Herbst, Michael / Weimer, Markus: *Gemeinde 2.0. Frische Formen für die Kirche von heute*, Neukirchen-Vluyn 2011. Moldenhauer, Christiane / Warnecke, Georg: *Gemeinde Im Kontext. Neue Ausdrucksformen gemeindlichen Lebens*, BEG Praxis, Neukirchen-Vluyn 2012. Herbst, Michael: Fresh Expressions of Church – Made in Germany?, in: Moldenhauer / Warnecke 2012. Reppenhagen, Martin: *Fresh Expressions – Kirchenentwicklung in England*, in: Lames, Gundo / Dessay, Valentin / Lätzel, Martin / Hennecke, Christian (Hg.): *Kirchenentwicklung. Ansätze – Konzepte – Praxis*, Trier 2015.

[6] Die Anglikanische Kirche hat seit den 1980er-Jahren intensive Reformbestrebungen hin zu einer missionarischen Kirche auf ihrer Tagesordnung.

[7] Beispielhaft sei auf den „Mission-shaped Church"-Report verwiesen. Church of England's Mission and Public Affairs Council (Hg.): *Mission-shaped Church. Church Planting and Fresh Expressions of Church in a Changing Context*, London 2004, 84-103.

1. missio Dei – eine Annäherung

Zuweilen ist es so, dass *missio Dei* („Gottes Mission") zu einem Container-begriff in der missionstheologischen Diskussion der letzten Jahrzehnte geworden ist.[8]

So hat der Begriff erstmals durch die deutschen lutherischen Missionstheologen Karl Hartenstein (1894–1952), Walter Freytag (1899–1959)[9] und George Vicedom (1903–1974) im ökumenischen Diskurs Einzug gehalten.[10]

Seitdem liegt eine komplexe und vielschichtige Begriffs- und Wirkungsgeschichte hinter uns. Diese hat das heutige Verständnis von Mission grundlegend geprägt.

Für die Breitenwirksamkeit der *missio Dei*-Idee war die Weltmissionskonferenz von Willingen 1952 ausschlaggebend.[11] In dem Bericht über die Weltmissionskonferenz machte Hartenstein den Begriff erstmals zur „Signatur der ganzen Konferenz"[12].[13] Mission als *missio Dei* verhalf zur Neubegründung der Mission im 20. Jahrhundert.[14]

---

[8] Martin Reppenhagen kritisiert, dass das Schlagwort *missio Dei* deswegen eine inhaltliche Verbreitung erfahren hat, weil es kaum inhaltlich gefüllt wurde. Reppenhagen, Martin: *Auf dem Weg zu einer missionalen Kirche. Die Diskussion um eine ‚missional church' in den USA*, BEG 17, Neukirchen-Vluyn 2011, 157-162. Wolfgang Günther hält dagegen und hebt hervor, dass er „gerade wegen seiner Vieldeutigkeit hilfreich ist". Günther, Wolfgang: *Gott selbst treibt Mission. Das Modell der missio Dei* , in: Schäffer, Klaus / Weltmission Heute: *Plädoyer für Mission. Beiträge zum Verständis von Mission heute*, Hamburg 1998, 61.

[9] Zur Bedeutung von Karl Hartenstein und Walter Freytag und ihrem Einfluss auf die deutsche Missionstheologie vom Ende der 20er-Jahre bis in die 50er-Jahre des 20. Jahrhunderts siehe: Manecke, Dieter: *Mission als Zeugendienst. Karl Barths theologische Begründung der Mission im Gegenüber zu den Entwürfen von Walter Holsten, Walter Freytag und Joh. Christiaan Hoekendijk*, Wuppertal 1972.

[10] Im Anschluss der Willingen-Konferenz des „International Missionary Council" formulierte Karl Hartenstein diesen Terminus. An Bedeutung hat der Begriff durch die Veröffentlichung von George Vicedom gewonnen. Vicedom, George: *Missio Dei. Einführung in die Theologie der Mission*, München 1958.

[11] Erstmals erwähnt Karl Hartenstein den Begriff 1934. Hartenstein, Karl: *Wozu nötigt die Finanzlage der Mission?*, EMM 78, Basel 1934, 217.

[12] Küster, Volker: *Einführung in die Interkulturelle Theologie*, Göttingen/Oakville 2011, 38. Einschneidend war, dass in der Weltmissionskonferenz von Willingen 1952, in der der Begriff „mission of God" vorkam, ein Zusammenfallen der Heils- und Weltgeschichte aufgezeigt wurde.

[13] Tatsächlich findet die Diskussion über die *missio Dei* in der Nachfolge des Begriffs von Bonhoeffer „Kirche für andere" statt. Durch die Veröffentlichungen des ÖRK, beispielsweise „Die missionarische Struktur der Gemeinde", wurde die Diskussion konkreter.

[14] Peter Jost dazu: „Diese theologische Besinnung auf den eigentlichen Ursprung von Mission und die daraus resultierende Bedeutung für die kirchliche Sendung half, jede

Diese Neubegründung bestand darin, dass Mission nicht mehr wie zuvor, als zielgerichtete Aktivität der westlichen Kirche verstanden wurde, sondern als „Aktion Gottes"[15]. Zuvor wurde Mission etwa soteriologisch als die Errettung einzelner von ewiger Verdammnis, kulturell als Zivilisationsprozess für Menschen aus dem Osten und Süden durch den christlichen Westen, ekklesiologisch als die Expansion der Kirche (oder einer bestimmten Denomination) oder heilsgeschichtlich als „Beschleuniger" für das Kommen des Reiches Gottes verstanden.[16] Der Schweizer reformierte Theologe Karl Barth (1886-1968) war einer der ersten nach dem Ersten Weltkrieg, der 1932 auf der Missionskonferenz in Brandenburg darauf hinwies, dass Mission in der Trinitätslehre beheimatet sei, und verschob damit den Fokus theologischer Begründung.[17] Damit war Mission nicht mehr in der Ekklesiologie oder der Soteriologie, sondern in der Trinitätslehre beheimatet.

Karl Hartenstein gab dieser Überzeugung, dass Mission Gottes Aktivität sei, folgendermaßen Ausdruck:

„Die Mission ist nicht eine Sache menschlicher Aktivität und Organisation, ‚ihre Quelle ist der dreieinige Gott selbst'. Die Sendung des Sohnes zur Versöhnung des Alls durch die Macht des Geistes ist Grund und Ziel der Mission. Aus der *missio Dei* allein kommt die ‚Missio ecclesiae'. Damit ist die Mission in den denkbar weitesten Rahmen der Heilsgeschichte und des Heilsplanes Gottes hineingestellt."[18]

Damit legte Hartenstein bereits die grundlegenden Gedanken des *missio Dei*-Konzepts dar, die er zuvor bei Karl Barth entdeckt hatte und im Gespräch mit ihm entwickelte.

Mission hat ihren Ursprung in der Trinität. Der Vater sendet den Sohn, Vater und Sohn den Geist, der dreieinige Gott sendet dann die Kirche. Daraus begründet Kirche ihre Mission, nämlich als Ableitung von Gottes Aktivität.

Art von Paternalismus der westlichen Mission gegenüber den jungen Kirchen sowie die im Zeitalter des Kolonialismus geprägte Idee von Mission als Weltzivilisierung zu überwinden." Jost, Peter Samuel: *Karl Hartenstein und die missio Dei*, Interkulturelle Theologie 36, no. 3-4, Frankfurt am Main / Basel 2010, 305.

[15] Diese Begrifflichkeit stammt von Karl Hartenstein. „Missionssubjekt ist der Herr. Mission ist eine Aktion Gottes." Hartenstein, Karl: Unveröffentlichte Vorlesung am Missionsseminar Basel, Basel 1929/30, 2, zitiert in Schwarz, Gerold: *Mission, Gemeinde und Ökumene in der Theologie Karl Hartensteins*, Stuttgart 1980, 129.

[16] Bosch 1991, 389-393.

[17] Küster 2011, 38. Bosch 1991, 389.

[18] Hartenstein, Karl: *Theologische Besinnung*, in: Freytag, Walter: *Mission zwischen gestern und morgen. Vom Gestaltenwandel der Weltmission der Christenheit im Licht der Konferenz des Internationalen Missionsrates in Willingen*, Stuttgart 1952, 64.
Zur Geschichte der Willingen Konferenz siehe Bosch 1991, 390. Bevans, Stephen B. / Schroeder, Roger P.: *Constants in Context. A Theology of Mission for Today*, American Society of Missiology Series, vol. 30, Maryknoll / New York 2004, 289-291.

George Vicedom führte die Frage nach dem Subjekt der Mission weiter aus und erklärt, dass Mission zuerst einmal „Gottes Werk ist. Er ist der Herr, der Auftraggeber, der Besitzer, der Durchführende. Er ist das handelnde Subjekt der Mission."[19]

Mit dieser Deutung wurde eine „kopernikanische Wende"[20] der Missionstheologie eingeläutet.

2. missio Dei – zum Inhalt und dem daraus resultierenden Auftrag

Zunächst: Was meint der Begriff?

Das lateinische Wort *missio* meint „senden, schicken" und wird als Terminus Technicus eines spezifischen Aufgabenfeldes der Kirche erst im 16. Jahrhundert etabliert.[21] Im Alten und auch im Neuen Testament fehlt der Begriff „Mission", findet sich aber im Wortfeld „verkündigen/Verkündigung/Evangelium/senden/Sendung, Gesandte, Apostel, Prophet."[22]

Die mit einer Mission beauftragen Jünger Jesu wussten sich gesandt. Zunächst etablierte Jesus für seine Jünger einen Auftrag (Mt 28, 16-20), dem die christliche Gemeinde folgte. Sie erkannte ihre Sendung als Nachahmung der Sendung Jesu und damit der Bewegung Gottes in die Welt hinein. So auch Martin Werth:

„Eindeutig ist, dass sich die frühe Gemeinde gesandt wusste, und dabei den besonderen Sendungsauftrag durch den erhöhten Christus an den Jünger/Apostelkreis auf die Gemeinde insgesamt bezog."[23]

---

[19] Vicedom 1958, 12-13.

[20] Werner, Dietrich: *Mission für das Leben – Mission im Kontext. Ökumenische Perspektiven missionarischer Präsenz in der Diskussion des ÖRK 1961-1991*, Rothenburg 1993, 66.

[21] Zuvor wurde Mission nur im Rahmen der Trinitätstheologie gesprochen. Siehe dazu: Bosch 1991, 1.

[22] Frankemölle, Hubert: *Mission. Christentum*, in: *RGG4* 2002, 1274.

[23] Werth, Martin: *Theologie der Evangelisation*, Neukirchen-Vluyn 2010, 32.

3. Doch eigentlich beginnt Mission schon viel früher ... nämlich bei Gott selbst – zum Inhalt des Begriffs

Vom ersten Schritt

Missio Dei, wörtlich übersetzt: „Gottes Mission", meint, dass der Ursprung der Mission nicht in einer Aktivität der Kirche liegt, sondern in Gott selbst. Die Mission des dreieinigen Gottes ist in den drei Personen der Trinität verankert.[24]

Der erste Schritt ist die Wechselbeziehung der Trinität, die in sich missionarisch ist. In der Alten Kirche verwendete man für diese Wechselbeziehung das Wort „perichorese" und drückte damit bildhaft die vollständige gegenseitige Durchdringung der drei Personen der Trinität aus, die trotz Unterscheidung eine unauflösbare Einheit ausdrücken. *Perichorein* meint wörtlich herumgehen, durchwandern. Bildhaft wurde diese Wechselbeziehung oft als Tanz darstellt. Diese gegenseitige „Durchdringung" aber ist ein permanentes Lieben: Einer dient dem Anderen und gibt sich ihm in Liebe hin.

Der beziehungsorientierte, dreieinige Gott lebt sein Wesen der sich verschenkenden Liebe zuerst in und durch die drei Personen der Trinität aus (1 Joh 4). Somit überschreitet der sich verschenkende, sich hingebende, liebende Gott andauernd das Eigene und bewegt sich auf die andere Person zu – ist also „auf Sendung".

Der erste Schritt ist damit, dass Mission im Wesen Gottes inkludiert ist und sich als Liebe und Selbsthingabe zeigt.[25]

Schließlich ist die Trinität als ganze nach außen gewandt und überschreitet sich, nicht weil sie es für sich bräuchte, sondern weil ihre Liebe immer schon sich selbst überschreitet, schöpferisch wird, sich ein Gegenüber schafft, in Beziehung tritt – nun auch zum Menschen und zur Menschheit.

Zum zweiten Schritt

Mission Gottes in dieser Welt ist der zweite Schritt. Gottes Liebe geht auf diese Welt über, sein Wirken und Handeln offenbart sich in seiner Schöpfung und ihrer Ordnung. Der trinitarische Gott schenkt sich dieser Welt. Durch die Sendung Jesu wird die Liebeshandlung Gottes dieser Welt gegenüber konkret. Jesus selbst wusste sich gesandt für die Rettung der Menschen und

---

[24] Siehe dazu als Veranschaulichung die Ikone (1411 oder 1424–25) des russischen Malers Andrei Rublev. https://de.wikipedia.org/wiki/Andrei_Rubljow_(Ikonenmaler) am 19.08.2015.

[25] Moynagh 2012, 123. Moynagh betont, dass Mission nicht als Konsequenz von Gottes Wesen zu betrachten ist, sondern „Mission is thus not a consequence of God's being. In God's will it is fundamental to God's being. It is an attribute of God, on a par with the other attributes such as love. Just as we speak of God as love, we can speak of God as mission. Mission is an eternal first, not second thought for God." ibid., 124.

der Welt (Mk 1, 9-11). Der Gehorsam Jesu gegenüber dem Vater zeigt die Selbsthingabe Jesu gegenüber der Person des Vaters.

Durch die Sendung des Heiligen Geistes durch Vater und Sohn wird die Selbsthingabe Gottes in der Welt ausgeweitet (Apg 2, 1ff) – und Kirche entsteht.

Zusammenfassend kann gesagt werden, dass der dreieinige Gott Subjekt der Mission ist. Er ist Sendender und Gesandter zugleich. Durch den Fokus auf Gott als Sendenden wurde in der Missionstheologie Gottes Reich als eigentlicher Zielpunkt aller Mission wieder stärker in den Blick genommen. Es wurden Korrekturen im Begriff vorgenommen, die den Missionbegriff integrativer und ganzheitlicher begründen. Es setzte sich die Erkenntnis durch, dass nicht die Kirche tapfere Menschen in feindliche Länder sendet, sondern Gott in alle Welt sendet. Es geht auch nicht um Kirche und ihr Wachstum als Selbstzweck; es geht vielmehr um die Erlösung und Erneuerung der Welt und der Menschen.

Wie vorhergehend gezeigt, kann der tiefste Grund der Mission, nämlich die Selbsthingabe Gottes, auch auf die Mission der Kirche übertragen werden. Denn die Kirche partizipiert an Gottes Mission in der Welt, oder wird, wie Michael Moynagh sagt, „hineingezogen in die Selbsthingabe-Mission Gottes durch den Heiligen Geist, der es der Kirche ermöglicht, Gnade zu empfangen."[26]

4. Zwei Flügel der „missio Dei"-Theologie

Im weiteren Verlauf der Geschichte ist die inhaltliche Füllung des Begriffs der Mission Gottes in der Welt keineswegs so eindeutig gewesen. Dazu gibt es in den letzten 70 Jahren eine reichhaltige Debatte, die nur in Auszügen und zugespitzt dargestellt werden kann.[27]

Bis weit in die 1980er Jahre blieb die Formulierung *missio Dei* ein von unterschiedlichen Strömungen gebrauchter und gefüllter Begriff.[28]

Der Niederländer Johannes Christian Hoekendijk (1912-1975), von 1949-1952 Sekretär des Referats „Evangelisation" des Weltkirchenrats, steht für eine prominente Interpretation der Mission Gottes: Er hat die *missio Dei*-Ter-

---

[26] Ibid., 131.

[27] Für eine detaillierte Diskussion und Kritik der beiden Missionsmodelle siehe: Beyerhaus, Peter: *Er sandte sein Wort. Theologie der christlichen Mission*, Wuppertal / Bad Liebenzell 1996, 5-18.

[28] Siehe dazu: Berneburg, Eberhard: *Das Verhältnis von Verkündigung und sozialer Aktion in der evangelikalen Missionstheorie. Unter besonderer Berücksichtigung der Lausanner Bewegung für Weltevangelisation (1974-1989)*, Wuppertal 1997, 133-138.

minologie aufgenommen und den Begriff im ÖRK in den sechziger Jahren stark propagiert. Seine Deutung war aber, wie wir sehen werden, hoch umstritten. Es lag sicher auch an der Weite und relativen Unbestimmtheit des Begriffs, dass es bald zu erheblichen theologischen Spannungen im ÖRK (und im Internationalen Missionsrat) kam. Das führte dazu, dass sich ein rechter und linker Flügel der „*missio Dei*"-Theologie herausbildeten. Erst der südafrikanische Theologe David Bosch hat eine umfassende Darstellung des Begriffs und der Begriffsinhalte 1991 dargelegt und eine in vielem auch vermittelnde Position angeboten.[29]

Gemeinsam war den beiden Flügeln, dass sich die trinitarische Neubegründung der Mission in allen damaligen Strömungen (ÖRK, katholisch, Lausanne) durchgesetzt hat: In der römisch-katholischen Kirche und der evangelikalen Bewegung als heilsgeschichtliches Modell (rechter Flügel), in dem ökumenischen Diskurs als verheißungsgeschichtliche Variante (linker Flügel). Karl Hartenstein stand dem heilsgeschichtlichen Modell nahe, Johannes C. Hoekendijk vertrat das verheißungsgeschichtliche, politisch bestimmte Modell.

Das heilsgeschichtlich-eschatologische Modell betrachtet Gottes Wirken primär als an die Evangelisation der Christen und der Kirche gebunden. „Evangelisation und Rettung von Seelen ist die lebenswichtige Aufgabe der Kirche"[30], so Billy Graham 1974. Menschen sollen durch Bekehrung eine persönliche Beziehung zu Jesus Christus erlangen. Dabei wird das Wohl der Menschen, etwa durch Sozialprogramme, zunächst als nachrangig betrachtet. Diese Deutung des *missio Dei*-Gedankens erfährt erst im Laufe der Jahrzehnte und besonders durch die Lausanner-Verpflichtung eine Aufweitung.[31] Die Welt wird als von Gott getrennte, unheilvolle Verstrickung verstanden. Die Welt ist Hort der Sünde. Menschen sind vor allem heilsbedürftig – und Christen sind dazu aufgerufen, allen Menschen an allen Orten das ganze rettende Evangelium zu bringen. Zugespitzt formuliert stand für die ersten Vertreter dieses Modells das Seelenheil der Menschen an erster Stelle.

Das verheißungsgeschichtliche, politisch orientierte Modell versteht die Welt als Heilsraum Gottes. Das Reich Gottes verwirklicht sich zunehmend

---

[29] Bosch 1991.

[30] Graham, Billy: *Warum Lausanne?* in: Beyerhaus, Peter u.a. (Hg.): *Alle Welt soll sein Wort hören. Lausanne-Dokumente.* Neuhausen/Stuttgart 1974, 35-58, Zitat 45.

[31] Lausanne ist ein Meilenstein für den heilsgeschichtlich-eschatologischen Flügel, der sich gleichermaßen zu sozialer Verantwortung und Evangelisation verpflichtet, jedoch der Evangelisation Priorität gibt. Winterhoff, Birgit / Herbst, Michael / Harder, Ulf (Hg.): *Von Lausanne nach Kapstadt: Der dritte Kongress für Weltmission*, BEG, Neukirchen-Vluyn 2011. Oder auch: Beyerhaus 1996.

in den Möglichkeiten der bestehenden Welt.[32] Der Missionsauftrag und seine Heilsbotschaft werden zuerst insbesondere vertikal, d.h. im Blick auf den Menschen und seine sozialen und ökonomischen Probleme verstanden. Für die Kirche sollte das Wohl des Menschen und die Partizipation am Schalom ihre Aktivitäten bestimmen. Mission bedeutet für die Kirche, „ex-zentrisch" zu sein, das heißt an der „Befreiung zur rechten Menschlichkeit"[33] teilzunehmen. Das Stichwort „Tagesordnung der Welt" (Walter Hollenweger) solle für die Kirchen ein Leitfaden sein. Gottes Handeln ist in der Geschichte erkennbar (Humanisierung der Welt, Säkularisierung, Urbanisierung). Dabei spielt die Kirche bestenfalls eine sekundäre Rolle. Sie sieht, wo der missionarische Gott in den weltlichen Zusammenhängen das Neue wirkt, und beteiligt sich dann an diesen Prozessen des wachsenden Schalom. Später wurde auch in diesem Modell ein umfassenderer Blick gewonnen und der vernachlässigte evangelistische Aspekt vertreten. So greift etwa das ÖRK-Dokument „Mission und Evangelisation" 1982 wieder eindeutig zurück auf die unabdingbare Notwendigkeit der Evangelisation und Bekehrung.[34]

Klare Unterschiede zeigten sich in der Formulierung des Ziels der Mission Gottes in der Welt. Zugespitzt wurde gefragt: Soll Schalom oder persönliches Heil erreicht werden? Restauration der Schöpfung oder Erkenntnis der Taten am Kreuz durch Jesus Christus? Welterhaltung oder Erlösung? Darf man noch von Bekehrung sprechen, oder sind bereits alle Menschen seit Ostersonntag erlöst, sie wissen es nur noch nicht? Der linke Flügel vertrat: Schalom, Restauration der Schöpfung, Welterhaltung und bestand auf die bereits erfolgte Erlösung der Menschheit. Der rechte Flügel vertrat: persönliches Heil, Erkenntnis der Taten am Kreuz durch Jesus Christus und Bekehrung.

Ein hartes „entweder – oder" hat lange Zeit den missionstheologischen Diskurs geprägt. Doch seit den 1970/80er-Jahren gab es von beiden Seiten eine schrittweise Annäherung der Flügel. Es entwickelte sich ein integrativer, ganzheitlicher Missionsbegriff, der ein Miteinander von verbaler Bezeugung des Evangeliums und sozialem Zeugnis für Gottes Gerechtigkeit umfasst.[35]

---

[32] Hoekendijk dazu: „Wir versuchen, die Dinge wieder in der Perspektive Gott-Welt-Kirche zu sehen (und nicht Gott-Kirche-Welt)." Hoekendijk, Johannes C.: *Kirche und Volk in der deutschen Missionswissenschaft*, München 1967, 344.

[33] Jost 2010, 322.

[34] Darunter auch sechs weitere Vereinbarungen: Das Evangelium für alle Lebensbereiche; die Kirche und ihre Einheit in Gottes Mission; Mission nach der Weise Christi; Gute Nachricht für die Armen; Mission in sechs Kontinenten und Zeugnis unter Menschen anderen Glaubens. Fiedler, Klaus: *Mission und Evangelisation* (1982), in: *RGG4* 2002, 1298.

[35] Siehe dazu: Herbst, Michael: *Von Lausanne nach Kapstadt. Der 3. Kongress für Weltevangelisation in Kapstadt 2010 im Kontext der ‚Lausanner' Geschichte und Theologie*, in: Winterhoff/ Herbst/ Harder 2012, 16-42.

Dies wurde im Raum des ÖRK besonders durch Lesslie Newbigin und David Bosch möglich. Beide Theologen sind mit ihren Veröffentlichungen zu einem wichtigen Brückenschlag in der „*missio Dei*"-Theologie geworden und haben in der Anglikanischen Theologie und damit der *fresh expressions of church* prägend mitgewirkt.[36] In der Lausanner-Bewegung wurde besonders Billy Grahams und John Stotts Auseinandersetzung und fruchtbarer Dialog mit der ökumenischen Missionstheologie für die weitere Entwicklung prägend (beispielsweise durch die Integration der sozialen Verantwortung in der Lausanner-Verpflichtung Nr. 5). Es zeigen sich Öffnungen beispielsweise im Missionsbegriff, der in Gott als Sendenden verankert ist. Mit René Padilla und auch Samuel Escobar rückt die Leidenschaft für soziale Verantwortung für die Lausanner Bewegung verstärkt ins Zentrum ihrer Anliegen.

Es zeigt sich, dass Schritte hin zu einem ganzheitlichen Missionsbegriff von beiden Flügeln unternommen wurden.

Fresh expressions of church sind Teil dieses Diskurses und in gewisser Weise ein Brückenschlag zwischen beiden Flügeln – jedoch mit einem weit größeren gemeinsamen Nenner, als es noch in den 1950er-70er-Jahren möglich gewesen wäre. Sicherlich gibt es auch heute noch die Diskussion der Spannung eines „serving first" oder „worshipping first"-Zugangs. Wenngleich man diese Pole nicht ohne weiteres auf den linken und rechten Flügel der missionstheologischen Debatte übertragen darf, ist Diskussionsbedarf gegeben.

Ein hilfreiches Konzept in der schrittweisen Überwindung möglicher Spannungen ist das Verhältnis, in dem Gott, Kirche und Welt zueinander gesehen werden. Gott, Kirche und Welt werden nicht mehr linear in einer Reihenfolge angeordnet gesehen, sondern stehen wie in einem Dreieck zueinander im Verhältnis.[37]

---

[36] Bosch 1991. dt: Bosch, David J.: *Mission im Wandel. Paradigmenwechsel in der Missionstheologie*, Gießen 2012.

[37] Triebel dazu: „Während er in der Kirche seine Herrschaft aufrichtet, steht die Welt unter seiner Geduld, die das Böse und damit auch das Gericht aufhält. Das ist das Geschichtshandeln Gottes, damit seine missio hier, getragen von der Kirche, wirken kann, damit viele gerettet, das heißt mit Gott versöhnt werden. Weil die Kirche aber unter dem bewahrenden Handeln Gottes steht, hat die Kirche auch die Freiheit und zugleich die Aufgabe, sich um die Belange der Welt zu kümmern, deren Nöte anzunehmen. Damit hat die Kirche an beiden Wirklichkeiten zugleich teil. Welt und Kirche sind sowohl nicht als starres Gegenüber zu verstehen, sondern die Kirche ist sowohl ein Teil der Welt, als auch nicht von dieser Welt. Als Teil der Welt ist die Kirche mit ihr verbunden, aber durch den Glauben an das Erlösungshandeln Gottes zugleich von ihr unterschieden." Triebel, Johannes: *Die trinitarische Entfaltung der missio Dei*, Bonn 1998, 42.

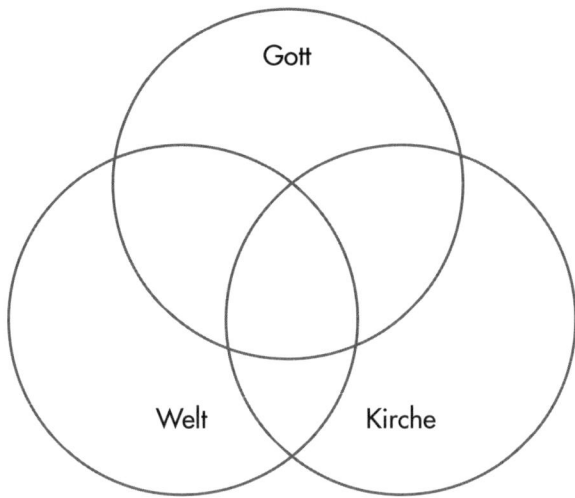

Das ergibt, dass, wenn von *missio Dei* gesprochen wird, Heil und Wohl nicht mehr auseinanderfallen, jedoch unterschiedlich gewichtet werden können.

5. Und die Kirche? Zu ihrem Auftrag

Diese theologischen Grundaussagen haben weitreichende Folgen für das Selbstverständnis und die missionarischen Aktivitäten der Kirche („missiones ecclesiae").

Welche Kennzeichen hat nun eine von der Mission Gottes geformte Kirche, die es ermöglichen, an der Selbsthingabe Gottes in dieser Welt Anteil zu haben? „Start with the Church and the mission will probably get lost. Start with mission and it is likely that the Church will be found."[38] Nach dem bisher gesagten ist deutlich: Beginne mit der Mission Gottes, und dann wird Kirche durch den Heiligen Geist geschenkt.

Was heißt das konkret für das Handeln der Kirche? In der *Fresh X-Diskussion* wird auf die sogenannten „five marks of mission" verwiesen. Dabei handelt es sich um Kennzeichen, die den *missio Dei*-Begriff für die Kirche erfassen. Die Diskussion, wie Mission definiert werden kann, wurde in der Anglikanischen Kirche seit 1984 mit dem bezeichnenden Titel „Der Mission ihren rechtmäßigen Platz geben – ein Bericht des Beirats für Fragen und Strategie in der Mission" aufgenommen.[39]

---

[38] *Mission-shaped Church* 2004, 116
[39] Für eine detaillierte Darstellung der Genese der „five marks of mission" siehe: Ross,

Es entwickelten sich fünf Kennzeichen der Mission für die *Church of England* und die *United Reformed Church:* [40]

1. Verkündigung der frohen Botschaft vom Reich Gottes
2. Lehren, Taufen und die Zurüstung der Gläubigen
3. Antwort auf menschliche Bedürfnisse durch liebenden Dienst
4. Versuche der Transformation ungerechter Strukturen in der Gesellschaft
5. Bewahrung der Schöpfung und Mitwirkung an der Wiederherstellung und Erneuerung der Erde

Bereits auf den ersten Blick zeigt sich, dass diese fünf Kennzeichen einen Mittelweg zwischen dem linken und rechten Flügel der ökumenischen Debatte aufzeigen.[41] Heil und Wohl des Menschen werden in dieser Missionsdefinition berücksichtigt.

6. Zusammenfassung

Zusammengefasst kann *missio Dei* folgendermaßen definiert werden: Gottes Mission ist sein Heilswirken in der Welt, das sich auf die Rettung der Menschen und die Belange der Welt bezieht. Das Heil Gottes will allen Belangen der Menschen, also Heil und Wohl, begegnen.[42]

Missio Dei – ist Gottes Ja zur Welt als Bühne für Gottes Wirken. Gottes Liebe und Aufmerksamkeit ist auf die Welt gerichtet. Es zeigt sich eine Kontinuität zwischen dem Reich Gottes, der Mission der Kirche und Gerechtigkeit, Frieden und Ganzheit in der Gesellschaft.[43] *Missio Dei* – ist aber auch Gottes Nein zu dem Vorfindlichen. Gottes Reich und Wirken ist mehr als nur eine Bestätigung des Guten und Möglichen in dieser Welt. Es ist ein Nein, weil selbst das Gute in dieser Welt erlösungsbedürftig ist.

Cathy: *Eine Darstellung und Kritik der fünf Kennzeichen der Mission*, in: Ernst, Christoph u.a. (Hg.): *Ekklesiologie in missionarischer Perspektive*, Salisbury 2011, 158-170.

[40] Moynagh 2012, 129. Die britische Methodistische Kirche hat eine längere Liste. Siehe dazu: Goodhew/Roberts/Volland 2012, 79-80.

[41] Oder wie Cathy Ross in ihrer gründlichen Reflexion über die Stärken und Schwächen der „marks of mission" sagt: „[...] dass die fünf Kennzeichen, so knapp und unvollständig sie auch sein mögen, uns doch aus diesem dualistischen Dilemma heraushelfen. Sie drängen uns zu einer ganzheitlichen Vorgehensweise in der Mission." Ross 2011, 168.

[42] David Bosch bringt es vielleicht umfassender auf den Punkt, wenn er sagt: „Missio Dei – God's self-revelation as the One who loves the world, God's involvement in and with the world, the nature and activity of God, which embraces both the church and the world, and in which the church is privileged to participate. Missio Dei enunciates the good news that God is a God-for-people." Bosch 1991, 10.

[43] Ibid., 11.

Wenn Mission wesensmäßig zum trinitarischen Gott gehört, dann gehört sie ebenso wesensmäßig zur Kirche. [44] So gelten die Worte Hartensteins sowohl für *Fresh X-Bewegung* heute wie auch für die in den 1950er-Jahren geführte ökumenische Diskussion: „Die Mission ist die ureigentliche Aufgabe der Kirche, ihre einzige Legitimation. ‚Wodurch die Kirche existiert? Allein in ihrer Mission.' Die Mission gehört zum ‚esse', zum Wesen, zur Existenz der Kirche. Damit ist die volle und totale Einheit von Kirche und Mission begründet."[45] Das heißt zugleich, dass die Kirche weder Subjekt der Mission ist, noch ihr Ursprung oder Ziel. Die Teilhabe an der Mission Gottes wird zu ihrem „Strukturprinzip"[46]. Das muss nun auch ernst genommen werden, um eine vermeintliche geistlose Bejahung ohne konkrete Umsetzung zu vermeiden. Aber wie?

7. 4 Thesen

1. In *fresh expressions of church* wird die Teilhabe an der Mission Gottes besonders durch die Haltung des „listening" („hinhören") deutlich. Es wird dabei nicht nur auf das Wort Gottes und die kirchliche Tradition gehört, sondern auch auf die Gesellschaft und die Kultur. Man kann von einem doppelten Hinhören sprechen. Achtsamkeit für den Kontext, in den man hineingestellt ist, steht der Entscheidung voran, wie man auf die auftauchenden Probleme und Fragen antworten soll. Zudem fragt man danach, wo Gott in dem vorliegenden Kontext schon am Wirken und Handeln ist. Das macht die Kirche keinesfalls überflüssig, sondern spitzt ihren Auftrag zu. *Fresh expressions of church* tun sich zuweilen leichter, dem Kontext, dem sie dienen, mehr Aufmerksamkeit zu schenken. Auf ihren Schultern liegt noch weniger Verantwortung und auch Last, Bestehendes geistreich weiterzuführen. Sie haben das Privileg, die Freude, aber auch das Risiko des Anfangs. *Fresh expressions of church* können dieses Vorrecht nur dann zur Ehre Gottes und zum Heil der Menschen einsetzen, wenn sie dürfen. Nur dann, wenn sie von bestehenden Gemeinden als missionarische Gemeinschaften in ihrer Parochie eingesetzt werden, wenn sie von Kirchenleitungen und verantwortlichen Personen befähigt werden und geeignete Bedingungen dafür bekommen.

---

[44] Oder wie David Bosch sagt: „There is Church because there is mission, not vice versa." ibid., 390.

[45] Hartenstein 1952, 63.

[46] Vgl. dazu: Margull, Jochen (Hg.): *Mission als Strukturprinzip. Ein Arbeitsbuch zur Frage missionarischer Gemeinden*, Genf 1965.

2. Anteilhabe an Gottes Mission heißt für Kirche, dass sie nicht über Wachstum spricht, sondern über Gesundheit/Vitalität/Fruchtbarkeit.[47]

Gottes Kirche ist nicht in diese Welt gestellt, um einfach größer, stärker oder mächtiger zu werden – das ist nicht biblisches Wachstum. Ihr Auftrag ist es, Frucht zu bringen. Wachstum mit dem Ziel, mehr zu werden, mehr Aktivitäten zu veranstalten, mehr Personen anzustellen, verliert schnell seine Bestimmung und endet in der Erschöpfung, der inneren Krise und ist nicht verheißungsvoll. Wenn der Apostel Paulus von Wachstum spricht, dann spricht er von Früchten, die erkennbar sind. Eine Gemeinde, die durch den Heiligen Geist versprochene Früchte hervorbringt, das ist von Gott geschenkte und gesegnete Gemeinde- und Kirchenentwicklung. Diese Früchte zeigen sich in den vier Beziehungen, die Kirche ausmacht (UP, IN, OUT, OF).[48]

3. Gottes Mission und der Auftrag der Kirchen: Die Kirche ist dazu bestimmt, sich zu vervielfältigen.

Wenn Kirche der Sendung Gottes in diese Welt, in die Komplexität der Milieus und Gruppen folgt, dann ist es ihre zwangsläufige Bestimmung sich zu vervielfältigen. Leider wird dieser Auftrag von Kirche, nämlich allen alles zu werden, oftmals auf das Individuum bezogen gedeutet. (1. Kor 9, 20-22) Ich meine, dass es auch auf das Verständnis von Gemeinde übertragen werden muss. Wenn Gottes Interesse der Welt gilt, die er geschaffen hat und trotz allem liebt (Joh 3,16), die er versöhnt hat (2. Kor 5,19) und heilen möchte (Eph 1,9f), dann hat die Kirche dafür da zu sein. Allen alles werden, heißt, dass Kirche dagegen ankämpfen wird, sich nicht mehr zu vervielfältigen, denn sie wird getrieben sein von Paulus' Eifer, der sagt: „damit ich auf alle Weise einige rette".

4. Gebet als Auftrag der Kirche.

Es herrscht eine kirchlich-theologische Zurückhaltung in unserem Land, was das Gebet betrifft, also das Ringen mit Gott mit der Frage, welchen Platz Gott seiner Kirche zugemessen hat. Wir wissen, dass es Gottes Werk ist, wir führen dieses Mantra vor uns her, versagen aber zuweilen dabei, einzutreten in ein Ringen, ein beständiges Anklopfen an Gottes Tür, ein treues Warten, vielleicht sogar ein Umstimmen Gottes.

Eines hat die Anglikanische Kirche in ihren Reformbemühungen, auch mit *fresh expressions of church,* gelernt: Der Schlüssel für Gottes Kirche in der Welt ist das geistliche Fundament, das durch Gebet gelegt wird.

---

[47] Siehe dazu: Warren, Robert: *Vitale Gemeinde. Ein Handbuch für die Gemeindeentwicklung,* Neukirchen-Vluyn 2013.

[48] Siehe dazu den Beitrag von Reinhold Krebs in diesem Band Seite 79.

HANS-HERMANN POMPE: KIRCHE IN VIELFACHER GESTALT. VON DER NOTWENDIGKEIT EINER MIXED ECONOMY IN DER EVANGELISCHEN KIRCHE[1]

Welches Bild von Kirche bekommen Menschen heute? Ein Einheitsangebot, das in Zeit, Ort, Kultur, Stil, Themen, Sprache fast überall nur eine Wahl lässt? Die Menschen der Optionsgesellschaft sind gewohnt zu wählen, sie wollen Relevanz, entscheiden nach Verfügbarkeit.

Kirche als *mixed ecomony*, als kirchliche Mischwirtschaft: Die geniale ekklesiologische Formel von Rowan Williams, dem früheren Erzbischof von Canterbury, ist schwer zu übertragen: Die Metapher aus der Marktwirtschaft ist in Großbritannien viel positiver besetzt als in unserer kapitalismuskritischen deutschen Theologie. Bisher gibt es keine treffende deutsche Übertragung: Kirche mit vielfältigen Kulturen, „Mischwald" (Sandra Bils, Hannover), Kirche in zweifacher Gestalt (dt. Netzwerk *Fresh X*) – Ich arbeite hier provisorisch mit „Kirche in vielfacher Gestalt".

Im Grunde sind wir als Kirche mehrheitlich noch bei Henry Ford, der behauptete: „*Any customer can have a car painted any colour that he wants as long as it is black.*"[2] *(Unsere Kunden können ihr Auto in jeder beliebigen Farbe bekommen, solange es schwarz ist.)* Das ging jahrelang gut, aber als die Konkurrenten längst andere Farben anboten, ist die Firma Ford an dieser Haltung fast kaputtgegangen.

Wir haben als Kirche keine Alternative zur Angebotsausweitung und Formatpluralisierung – das meint *mixed economy* auch. Aber es wäre besser, wenn wir diesen Prozess in Liebe und aus Neugier angehen, nicht mit zusammengebissenen Zähnen. Denn Jesus hat sich aus Liebe auf Menschen unterschiedlich eingelassen – schon Lukas 15 zeigt allein bei der Suchbewegung Gottes drei sehr unterschiedliche Verhaltensweisen (das Risiko, die Intensität und die Geduld der Suche). Paulus sagt explizit: „Allen bin ich alles geworden, um sie zu gewinnen." (1. Kor 9) Deshalb sechs Thesen zu einer Kirche in vielfacher Gestalt aus Liebe.

---

[1] Überarbeiteter Impulsvortrag vom Studientag ‚Mut zu Neuen Gemeindeformen' (AmD Dortmund, 25.10.2014)

[2] Laut Wikiquote aus Ford, Henry: *My Life and Work. In Collaboration with Samuel Crowther*, New York 1923, 72 (Übersetzung durch den Autor).

1. Freiheit in Bindung

Für die Gemeinde als Leib Christi ist Gemeinschaft wesentlich
(Christus-Bindung), die Formen der Gemeinschaft sind zeitgebunden
und damit veränderlich (Gestaltungs-Freiheit).
Alle zeitgebundene Formen unterliegen einem sachlichen Veränderungs-Imperativ: Ist das, was wir haben, noch geeignet, „eine einigermaßen gleiche Zugänglichkeit zum Evangelium für möglichst viele Menschen zu sichern"[3]? Dieser Imperativ erlaubt, Gutes weiterzuführen und Überholtes zu beenden. Solche Erneuerung des Denkens ist biblisch gesehen eine Verlockung zur Hinwendung zu Gott (Mk 1,14f). Ähnlich Luthers These 1: „Da unser Herr und Meister Jesus Christus spricht: Tut Buße usw. (Mt 4,17), hat er gewollt, dass das ganze Leben der Gläubigen Buße sei."[4]

Eine hohe Gestaltungsfreiheit für die Formate eröffnet auch der berühmte Absatz VII der Confessio Augustana mit seiner Elementarisierung (satis est) des Kerns der Kirche in Verkündigung und Sakramente: „Die Konzentration auf die zentralen Vollzüge von Wort und Sakrament setzt die Vielfalt der konkreten sozialen und rechtlichen Gestaltungsformen der Kirche frei. Ein weiter Raum für unterschiedliche soziale Formationen von Gemeinde und Kirche öffnet sich. Dem evangelischen Kirchenverständnis eignet daher eine prinzipielle Offenheit im Blick auf die konkrete Sozialgestalt, solange diese die grundlegenden Vollzüge von Wort und Sakrament sicherstellt. Die Identifizierung einer konkreten organisatorischen Gestalt von Kirche mit dem theologisch verstandenen Wesen der Kirche als Versammlung der Gläubigen verspielt die evangelische Freiheit und führt zu einer faktischen morphologischen Starre."[5]

Die 3. Barmer These folgt dieser Linie: Die Gestalt der Kirche kann nicht beliebig sein, sondern muss dem Auftrag entsprechen. Auch der Heidelberger Katechismus benennt (Fr 54+55) Kirche mit Gemeinschaft, Christusbindung und Gaben, nennt aber keine Formate oder Strukturen als Wesen der Kirche. Als Verlockung des Heiligen Geistes wird jede Veränderung zu einer Kraftquelle der Erneuerung: Wenn der Impuls dazu vom Geist kommt, bewirkt dieser ein Hinwachsen zum Haupt (Eph 4), die Glieder und die Kirche als Leib dürfen Christus widerspiegeln (2. Kor 3-4).

---

[3] Herbst, Michael: *Mehr Vielfalt wagen. Praktisch-theologische Überlegungen zur Region als Missions-Raum*, in: Hempelmann, Heinzpeter / Pompe, Hans-Hermann (Hg.): *Freiraum. Kirche in der Region missionarisch entwickeln*, Leipzig 2013, 13-41, Zitat 31.

[4] Bornkamm, Karin / Ebeling, Gerhard (Hg.): Martin Luther. *Ausgewählte Schriften Bd. 1: Disputation zur Erläuterung der Kraft des Ablasses*, Frankfurt 1982, 28ff (=WA 1, 233-238) 1. These sprachlich hier nach Bornkamm/Ebeling.

[5] Arbeitskreis kontextuelle Evangelisation, unveröffentlichtes Skript.

2. Wechselseitig Ergänzungsbedürftig

Die Parochie ist als einziges Zugpferd überfordert, sie kann ihre Stärken nur im Verbund ausspielen. Leben neue Formen aus dem gemeinsamen geistlichen Erbe, werden sie ergänzen, nicht verdrängen.

Die drei genetischen Schwächen der Parochie sind:[6]

- Autarkie – Zusammenarbeit zwischen Gemeinden ist nur für den Notfall vorgesehen.
- Vollprogramm – jede Parochie muss alles für alle anbieten, obwohl dies noch nie und nirgendwo gelungen ist.
- Geographische definierte Zugehörigkeit – obwohl Menschen sich heute ganz anders (durch Beziehungen, Arbeit, Interessen, Sozialisation etc.) verorten.

Mögliche (und erwartbare) Schwächen der neuen Formen können die Arroganz von Stolz und Selbstgenügsamkeit sein – vielleicht aus Geschichtslosigkeit.

Wechselseitigkeit, Ergänzung (mutuality) von Gemeindeformen meint nicht Gegeneinander, auch nicht Nebeneinander, sondern Miteinander und Füreinander. In England wird bei der Suche nach einer „mission-shaped church" zusammengehalten, was zusammengehört. Altes wird wertgeschätzt – und zugleich weiterentwickelt. Neues wird zugelassen, gefördert und ermutigt. Beides wird zu wechselseitiger Ergänzung verlockt. Also die Nachbargemeinden als Ergänzung und Entlastung entdecken, die regionale Kirche Jesu als Verantwortung von Geben und Nehmen annehmen. Statt Neid und Misstrauen entsteht bejahte Verantwortung für die Anderen. Im Grunde ist einfach gemeint, 1. Kor 12 nicht nur persönlich oder lokal, sondern auch regional (wie eben ökumenisch auch weltweit) zu lesen. Der Leib Christi ist immer größer als mein Tellerrand.

---

[6] Ausführlich in: Ebert, Christhard / Pompe, Hans-Hermann: *Handbuch Kirche und Regionalentwicklung*, Leipzig 2014, 128ff.

3. Auftrags-Orientierung

Die große Format-Freiheit der Anglikaner ist verankert in einer Neuentdeckung des missionarischen Auftrags. Kirche verdankt sich der Mission, nicht umgekehrt.
Die englischen Kriterien wie die vier Merkmale missional, contextual, formational, ecclesial[7] oder die Arbeits-Definition von *fresh expressions* ([...] eine Form von Kirche zum Besten von Menschen, die noch von keiner Kirche erreicht werden [...][8]) sind Ergebnisse von Erfahrungen, nicht Rahmenpläne oder Ziele, sind also eher induktiv, im Rückblick festgehalten worden. In Deutschland wird meist umgekehrt vorgegangen: zuerst die Beschlüsse, Definitionen, Rahmenpläne, Erlaubnisse, also eher deduktiv. Liegt hier ein deutlicher Kulturunterschied zwischen den durchaus ähnlichen verfassten Kirchen?

Kirche verdankt sich der Mission, nicht: Kirche hat auch eine Mission. Der missionarische Auftrag ist allerdings nicht so klar, wie manche denken. Die Engländer erwerben sich geduldig eine erneuerte kulturelle und biblische Kompetenz, parallel und gegenseitig verschränkt. Sie lesen die Bibel und die eigene Gesellschaft neu, als würden sie beiden zum ersten Mal begegnen. Dabei sind persönliche Begegnungen („Reden mit") mindestens so wichtig wie wissenschaftliche Analysen („Reden über"). Ohne diese erneute Fokussierung des Auftrags verkümmerte jedes Interesse zur Beliebigkeit, werden folgenlose Beschlüsse gefasst, geht deren Wirkung gegen Null.

Wir brauchen vor jeder Strukturfrage und begleitend zu jeder Formatdiskussion eine Neuorientierung am Auftrag: ‚proclaiming afresh' bedeutet ‚von Neuem, wieder, von vorn'.[9] Unsere Kirche als *Institution* hat ein Gefälle zu Strukturentscheidungen und erwartet, dass die Haltungen den Strukturen folgen. D. i. eine Spielart von Fundamentalismus. Unsere Kirche als *Bewegung* ignoriert die Strukturen gerne – d. i. im Kern die alte doketische Versuchung.[10]

---

[7] Z. B. in Ebert/Pompe 2014, 179. Eine deutsche Übertragung auf der Homepage www.freshexpressions.de.

[8] „A fresh expression is a form of church for our changing culture established primarily for the benefit of people who are not yet members of any church. It will come into being through principles of listening, service, incarnational mission and making disciples. It will have the potential to become a mature expression of church shaped by the gospel and the enduring marks of the church and for its cultural context." Croft, Steven (Hg.): *Mission-shaped Questions. Defining issues for today's Church*, London 2008, 9.

[9] Eine bewusste Aufnahme aus dem Ordinationsversprechen der Church of England, die meint: Das Evangelium muss in jeder Generation *„afresh"* (von Neuem / wieder neu) verkündigt werden.

[10] Zur Unterscheidung von Kirche als Institution, Organisation und Bewegung/Gemeinschaft ist hilfreich: Hauschildt, Eberhard / Pohl-Patalong, Uta: *Kirche*. LPTh 4, Gütersloh 213, Kap 3, bes. 216-219.

Einen geistlichen Aufbruch kann man allerdings weder befehlen noch beschließen, nur erbitten und ermöglichen. Also werden Gebet und Experiment zu den wichtigsten Werkzeugen für diesen Zukunftsweg.

4. Die Region als gemeinsamer Gestaltungsraum

Die Region ist eine ideale Größe, um lokale Präsenz und Attraktivität zu kombinieren. Regional können Milieus und Lebenswelten, Identitäten und Generationen erreicht werden. Sie ist ein Missionsraum, der Weite (Optionen) und Nähe (Präsenz) optimal verbindet.

‚Region' ist seit den 90er Jahren ein zunehmend positiv besetzter Begriff geworden: Slogans wie „Regional ist erste Wahl" oder „genial regional" werben, regionale Produkte sind gesucht, die Raumplanung spricht von Metropolregionen, Euregio (EU) etc. Die Forschung im EKD-Zentrum für Mission in der Region hat ergeben, dass die Kirche mit einer Aufwertung der Region zugleich auch die Ortsgemeinden neu erfinden muss. Wir haben bisher drei dominante Modelle des Miteinanders von Gemeinden und Gemeinschaften in der regionalen Struktur der Kirche: Isolation (jeder für sich), Misstrauen (wechselseitige Veränderungs-Blockade) und Knappheit (Kampf um weniger werdende Ressourcen).

Erst wo die Region als gemeinsamer Aufbruch (etwa als „gemeinsam Gottes Handeln sehen") entdeckt wird, kann Kirche in Vielfalt wachsen. Region als „mehrdimensionaler Gestaltungsraum"[11] meint viel mehr als nur Territorium: Region umfasst auch gemeinsame Geschichte in Identität, ist Kommunikationsraum, Intentionsraum, virtueller Raum, Beziehungsgeflecht etc.

Gute regionale Leitung bedeutet heute Experimentiererlaubnis und -erwartung. Bischof Graham Cray, Leiter der englischen *„fresh expressions"*-Planungsgruppe, meinte: Früher hieß es, der Bischof würde das nie erlauben – heute heißt es, der Bischof wäre sehr enttäuscht, wenn ihr es nicht versucht hättet.[12] Er empfiehlt also ein Vorgehen nach der Art des Gamaliel (Apg 5,38f) „Wenn dieses Vorhaben oder dieses Werk von Menschen stammt, wird es scheitern; stammt es aber von Gott, so könnt ihr es nicht vernichten" – also ermutigt möglichst viele zum Handeln. So haben z. B. viele an-

---

[11] Vgl. ZMiR-Team: *Region als mehrdimensionaler Gestaltungsraum. 37 Thesen zur Region*, in: Hörsch, Daniel / Pompe, Hans-Hermann (Hg.): *Region – Gestaltungsraum der Kirche. Begriffsklärungen, ekklesiologische Horizonte, Praxiserfahrungen*, Leipzig 2012, (KiA 4), 219–272. Auch als download oder Print (zmir:Klartext) unter www.zmir.de.

[12] Vgl. Hempelmann, Heinzpeter / Herbst, Michael / Weimer, Markus (Hg.): *Gemeinde 2.0. Frische Formen für die Kirche von heute*, Neukirchen-Vluyn 2011, 69.

glikanische Diözesen weltweit einen „Mission Action Plan" (MAP) entwickelt, eine gemeinsame elementare missionarische Strategie, die alle Ebenen einbindet.[13]

5. Mixed economy als ein Konzert der Gaben

Ortsgemeinden und andere Gemeinde-Formen brauchen ein Zusammenspiel, um den vollen Klang des Evangeliums hörbar zu machen. Erst ihr wechselseitiges Vertrauen lässt etwas wachsen.
Kooperation meint geistlich gesehen ein regionales Konzert der Gaben. Die *Ortgemeinden* müssen ihre Entlastung durch die Region entdecken und mitgestalten, damit sie den versprochenen Mehrwert von Ergänzung, Entlastung und Profilierung auch ernten können. Bestehende Ortsgemeinden werden profilierter und attraktiver, wo sie die Überforderung ihres Alleinvertretungsanspruchs aufgeben.

Die *neuen Formen* brauchen eine gewollte An- und Einbindung im Gesamtkontext der 2000 Jahre alten Kirche Jesu. Hier ist allerdings eine wichtige Priorität der Leitung zu nennen. Alles Etablierte hat einen Heimvorteil, was neu entsteht, braucht eine Art kybernetischen Welpen-Schutz, also mehr Unterstützung als Bestehendes, denn jeder Keim ist gefährdeter als der gewachsene Baum. Ohne Bejahung, Unterstützung und Einbindung werden neue Formen absterben oder der Zentrifugalkraft folgen, viele landen dann höchstens als eine weitere Gemeindegründung bzw. sterben nach Marginalisierung oder Sektenbildung irgendwann ab.

Neue Formen dürfen eine ermutigende und unterstützende Haltung in der synodalen Kirche erwarten: Etwa, dass Superintendent und das regionale Leitungsgremium als Begrüßer und Unterstützer auftreten, dass ihnen ein rechtlicher Freiraum für Erprobung eröffnet wird – und dies von einer realistischen Einschätzung des unsichtbar Prägenden begleitet wird. Der österreichische Organisationsexperte Leo Baumfeld weist darauf hin: Das Unsichtbare sind Haltungen, Normen, Einstellungen, Denkmuster, kollektive Erwartungen, Traditionen, Geschichten, Tabus etc. Unsichtbare Faktoren bestimmen Prozesse mindestens genauso wie sichtbare (Zuständigkeiten, Gelder, Orte, Handbücher, Wissen etc.).[14]

---

[13] Vgl. Ebert/Pompe 2014 (Anm. 6), 319ff.
[14] Baumfeld, Leo: *Mentale Landkarten 4 (Kultur): Das Unsichtbare der Organisation respektieren,* 3. Unter http://www.baumfeld.at/zum-mitnehmen.html.

6. Mixed economy als geteilte Unsicherheit

Mehr Vielfalt für ein unbekanntes Gelände. Kirche in vielfältiger Gestalt wird wechselseitig Bettler verbinden. Denn gemeinsame Suche wird zur Primär-Ressource für Veränderungsprozesse.
Karl Valentin spottete: „Die Zukunft war früher auch besser", sie ist längst nicht mehr, was sie einmal war. Der Umgang mit dem Neuen ist für alle in der Kirche gleich ungewohnt, ist nur noch in ständig reflektierter Praxis zu bewältigen.[15] Es gibt viel weniger Masterpläne, dafür umso mehr Probieren und ständiges Nachjustieren.

Nun wird geteilte Unsicherheit eine gemeinsame Herausforderung – und damit eine vertrauensbildende Ressource. Niemand hat den Stein der Weisen, alle sind gleichfalls Bettler des Durchblicks und Verstehens, alle brauchen wechselseitig Rat und Austausch. Wir müssen die Jesus-Geschichten mit Bettlern und Blinden für uns neu lesen, müssen bei Luther die einfache Demut seiner letzten Äußerung lernen: „Wir sind Bettler, das ist wahr", oder von dem asiatischen Christen D.T. Niles die Grundregel der Evangelisation übernehmen: „Christen sind Bettler, die anderen Bettlern sagen, wo es das Brot gibt." Entweder werden wir gGmbH (geistliche Gemeinschaft mit bestärkender Hilfe) oder wir bleiben CdU (Club der Unveränderten).

Mixed economy braucht eine starke blinde Flecken-Kompetenz durch andere. Leo Baumfeld beschreibt sie so: „ ... man sieht nicht, was man nicht sieht – das ist das Wesen des blinden Flecks. Würde man wissen, was man nicht sieht, hat man die halbe Strecke zur Wahrnehmung schon gemacht. Aber unser Gehirn arbeitet sehr effizient, es vervollständigt Teile eines Puzzles relativ schnell zu einem ganzen Bild. Diese Fähigkeit hat aber auch ihren Preis, nämlich die Erzeugung mitunter vorschneller Bilder, die aber unter Umständen nicht mehr zum veränderten Umfeld passen. Zur Erweiterung der Wahrnehmung braucht man daher Andere, die einen darauf hinweisen, was man nicht sieht, d. h. wo einem Landkarten zur Wahrnehmung fehlen."[16]

---

[15] Die anglikanische Gemeinwesen-Theologin Ann Morisy hat vorgeschlagen, der neuen Unübersichtlichkeit mit einer „reflective practice" zu begegnen. Weil Institutionen wie die Kirche dazu tendieren, Veränderungen mit einem Beharren auf dem Bisherigen zu beantworten, müssen sie ein reflektierendes Vorgehen lernen. Also die Identität bewahren, aber zugleich die Transformation wagen, sehr wachsam werden, wo bisherige Erfahrung in einer sich ständig ändernden Umgebung zu kurz greift, handeln auch ohne ein umfassendes Verständnis der Dinge. Morisy, Ann: *Bothered and Bewildered. Enacting Hope in Troubled Times*, London / New York 2009, 31ff.
[16] Baumfeld, Leo: a.a.O., *01 Mentale Landkarten*, 3.

Gute Geschichten, elementare Symbole und starke Metaphern verknüpfen in kreativer Weise Vorhandenes, um neue Wirklichkeit zu eröffnen.[17] Wir brauchen gute Geschichten und starke Metaphern, die mit unseren Konzepten in einem ständigen Dialog (Korrekturprozess) stehen. Leo Baumfeld macht darauf aufmerksam, wie sehr Prozesse von Geschichten bewegt werden: „In unserem Alltag in Organisationen und Unternehmen schreiben wir Geschichten. An den Orten, an denen wir uns zufällig treffen, erzählen wir uns mitunter diese Geschichten. Aber auch in den Pausen von Besprechungen werden Geschichten ausgetauscht. Gut möglich, dass diese Geschichten mit den Konzepten zu tun haben, die wir in der Konferenz oder am Arbeitsplatz bearbeiten. Dabei lassen wir uns bei beidem, beim Erarbeiten von Konzepten und beim Erzählen von Geschichten von unseren Alltagskonzepten leiten. Diese Alltagskonzepte sind die Metaphern, die wir zur Verfügung haben. Diese Metaphern sind die Alltagslandkarten mit relativen großen Maßstäben. Sie führen quasi meist unbewusst Regie beim Erzählen von Geschichten. Aber sie haben das Zeug, Botschaften zu überbringen. Daher beschäftigen sich wahlwerbende Parteien zunehmend mit Metaphern, um gute Botschaften platzieren zu können. Wenn eine Organisation/ein Unternehmen sich wandeln muss, dann braucht sie neue Botschaften bzw. neue Metaphern, um die Mitarbeitenden für den Wandel zu gewinnen. Denn überall, wo es um Zugehörigkeit geht, ist eine gute Geschichte ein wichtiger Beitrag zur (neuen) Identitätsstiftung."[18] Hier werden also Seminare und Fortbildung, Gottesdienste und Feste, Erfahrungsberichte oder Tür-und-Angel-Gespräche gleichwertig. Wo und wer sind die Geschichtenerzähler/innen unserer Kirche?

Wir brauchen eine Wachsamkeit für die kommunikativen Werte und die weichen Fähigkeiten wie Begeisterung, Vermittlungsfähigkeit, Menschen-Gewinnungs-Kompetenz, Vertrauen, authentische Autorität, soziales Können etc. Und einen veränderten Leitungsstil. Er kann dienen, bevollmächtigen, freisetzen, ermutigen, korrigieren und priorisieren – Aufsicht oder Interessenausgleich sind demgegenüber nachrangig: Nur mit der Gießkanne zu verteilen hat sowohl bei Finanzen wie bei Aufmerksamkeit längst ausgedient. Macht und Leitungsposition werden noch mehr auf Vertrauen und Akzeptanz angewiesen sein, bloße Mehrheit bei Wahlen – geschweige denn Basta-Politik – funktionieren gar nicht mehr, wenn sie denn unter Protestanten je funktioniert haben sollten.

---

[17] Ein Gedanke, den u. a. P. Ricoeur und E. Jüngel stark gemacht haben. Vgl. z.B. Gestrich, Christof: *Christentum und Stellvertretung*, Tübingen 2001, 194ff.
[18] Baumfeld, a.a.O., 4.

REINHOLD KREBS: FRESH EXPRESSIONS – SIEBEN IMPULSE, KIRCHE NEU ZU DENKEN

Bei der EKD-Zukunftswerkstatt 2009 sprach der scheidende EKD-Ratsvorsitzende Bischof Wolfgang Huber über „mentale Gefangenschaften" seiner Kirche[1]. Gibt es so etwas wie ein mentales Gefängnis, wenn wir über Kirche nachdenken? Sicher ist, dass wir uns ja immer in bestimmten Denkmustern und Paradigmen bewegen. Diese sind für uns auch plausibel auf Grund unserer Geschichte und unserer Erfahrungen. Mit Kirche verbinden wir nach 1700 Jahren „Thron und Altar" sofort die klassische Trias Sonntag, Kirchengebäude und Gottesdienst.

Was aber geschieht, wenn sich eine Staatskirche, wie es die „Church of England" nach wie vor ist, als eine „mission-shaped church"[2] im nachchristlichen Kontext versteht? Wenn sie über eine *mixed economy* nachdenkt, eine Symbiose von bisherigem Kirche-Sein und *fresh expressions of church* ? Dann ergibt sich eine neue Denkspur. Bisher Selbstverständliches wird hinterfragt. Denn diese *fresh expression* nur äußerlich als eine weitere Variante von Gemeinde zu sehen, greift zu kurz. Form und Inhalt, Wesen und Gestalt lassen sich nicht trennen. Die neuen Formen gemeindlichen Lebens beginnen eine Fülle von „mission-shaped questions"[3] zu stellen. Diese führen Zug um Zug zu einer spannenden neuen Ekklesiologie.

Die folgenden Impulse nehmen diese Fragen auf und versuchen, erste Schneisen zu schlagen. Beim Hinhören auf das biblische Zeugnis können sich Türen öffnen und „mentale Gefangenschaften" auflösen. „Du stellst meine Füße auf weiten Raum." (Psalm 31,9)

---

[1] Epd-Dokumentation 46/2009, 10.
[2] Herbst, Michael (Hg.): *Mission bringt Gemeinde in Form*, Neukirchen-Vluyn 2008. (Engl.: Church of England's Mission and Public Affairs Council (Hg.): *Mission-shaped Church. Church Planting and Fresh Expressions of Church in a Changing Context*, London 2004).
[3] Croft, Steven (Hg.): *Mission-shaped questions. Defining issues for today's Church*, London 2008.

1. Endlich Gemeinde – nicht nur Anfänge

Wir erreichen durchaus bisher distanzierte Menschen mit dem Evangelium. Denken wir nur an die vielen Initiativen wie Jugend- und Gemeindecafés, Männerarbeit und Frauen-Frühstück, Sportler-Gottesdienste und Flüchtlings-Arbeitskreise, Public Viewing oder Krabbel-Gottesdienste.

Ziehen wir allerdings nach zehn Jahren eine ehrliche Bilanz, ist diese ernüchternd. Warum sind so wenige von denen, die wir anscheinend erreicht haben, in unseren Gemeinden heimisch geworden?

Nehmen wir nur eine Zahl, die nachdenklich stimmt. Alpha-Kurse haben in Großbritannien, noch weit mehr als Glaubenskurse in Deutschland, weite Kreise gezogen. Mehr als drei Millionen haben daran teilgenommen.[4] Und wo sind diese Menschen heute? Was heißt eigentlich „Menschen erreichen"? Sind wir vielleicht doch zu kurzatmig unterwegs?

Der Grund dafür liegt in einem bestimmten Denkmuster, das hinter vielen Projekten steckt. Unsere Grundidee ist: Wir schaffen einen Erstkontakt im Jugendcafé oder beim Sonder-Gottesdienst, lassen sich Menschen dadurch ansprechen und machen sie sich innerlich auf den Weg des Glaubens, dann werden sie schon ihren Weg in unsere Gemeinde finden. Das hoffen und denken wir zumindest.

Auch wenn wir es nicht laut sagen, so ist doch die innere Logik hinter all diesen Angeboten: „Wenn Menschen wirklich Christus nachfolgen wollen, dann sollen sie zu uns kommen und so werden wie wir!" Wir blenden dann aus, dass sie in ganz anderen Beziehungs-Netzwerken zuhause sind. Wir unterschätzen die Kluft zwischen unserer Gemeindekultur und ihrer Alltagswelt – kommen sie zu uns, fremdeln sie. Die Brücke, über die sie nach dem Erstkontakt einfach zu uns kommen könnten, es gibt sie nicht.

Wir hätten es gern einfach und schnell. Aber wir müssen uns von dem Denkmuster, dass Menschen ad hoc zum Glauben finden, konsequent verabschieden. Untersuchungen[5] zeigen, dass dies für die meisten ein langer Weg ist.

In einem Entwicklungsroman lässt Botho Strauss einen jungen Mann im Blick auf seine sprunghaften Beziehungen zu sich selber sagen: „Oft erscheinen sie, der stumme Reigen meiner bitteren Freundinnen, die alle einst den Anfang mit mir schufen und jede ist einmal die Richtige gewesen [...] Welch grausame Verkürzungen habe ich an Menschen begangen! Nichts als ein ewiger, schlechter Anfängermacher bin ich gewesen [...] unfähig, die Ver-

---

4   Hirsch, Alan: *The forgotten ways*, Grand Rapids 2006, 63.

5   Zimmermann, Johannes / Schröder, Anna-Konstanze (Hg.): *Wie finden Erwachsene zum Glauben?*, Neukirchen-Vluyn 2010.

traute zu lieben, vielmehr bereit, sie sofort für die nächste schöne Unbekannte einzutauschen." [6]

Wo sind wir auch solche „schlechten Anfängermacher"? Welche Verkürzungen begehen wir an Menschen?

Fresh expression will mit Menschen in ihrer Lebenswelt den Weg der Nachfolge gehen. In ihren Beziehungsnetzwerken soll christliche Gemeinschaft erlebbar werden. Dazu braucht es einen langen Atem. Und es braucht dazu die innere Vorstellungskraft für eine neue Form von Kirche. Gemeinde kann auch jenseits von Sonntag, Kirchengebäude und bisherigen Formen Gestalt gewinnen, „stilecht" für unsere noch-nicht-glaubenden Freunde.[7]

2. „Worshipping first" oder „serving first"? Gottesdienst ist Hingabe

Unser Gemeinde-Verständnis hängt eng an unserem Verständnis von Gottesdienst. Dieser wird gerne als die Mitte der Gemeinde verstanden, weil Gemeinde nach dem Augsburger Bekenntnis (CA) von 1530 als „Hör-Gemeinschaft" definiert wird. Kirche sei die „Versammlung aller Gläubigen [...], bei denen das Evangelium rein gepredigt und die Sakramente dem göttlichen Wort gemäß gereicht werden". Kirche entspringt demnach aus dem Hören auf Gottes Wort im Gottesdienst. Sie kann nicht einfach von uns gemacht, gemanagt oder organisiert werden. Das gilt es festzuhalten.

Spannend wird es freilich, wenn wir im NT nach dem Stichwort „Gottesdienst" suchen. Das Gottesdienst-Verständnis im NT ist gegenüber dem AT radikalisiert. In einen Gottesdienst kann man nach dem NT nicht gehen, man kann nur Gottesdienst leben. Paulus definiert den „wahren Gottesdienst" ganz von Christus her. Mag es im AT noch der Gang zum Tempel gewesen sein, bei dem man ein Opfer darbrachte, jetzt, nachdem uns Gott in Christus alles geschenkt hat (Röm 8,32), kann Gottesdienst nicht mehr ein Segment des Lebens sein, eine abgegrenzte heilige Zeit. Weil Gott in Christus alles gegeben hat, ist es nur sachgemäß, dass wir nicht mehr irgendetwas als Opfer bringen, sondern uns selber als „Ganzopfer" geben – unsere Zeit,

---

6 Strauss, Botho: *Der junge Mann*, München 1987, 244.

7 Das Augsburger Bekenntnis gibt dazu einen großen Freiraum: „Und es ist nicht zur wahren Einheit der christlichen Kirche nötig, dass überall die gleichen, von den Menschen eingesetzten Zeremonien eingehalten werden". Allerdings ist hier Kirche immer schon als vorhanden vorausgesetzt: „Es wird auch gelehrt, dass allezeit eine heilige christliche Kirche sein und bleiben muss ...".

unser Leben, unsere Existenz (Röm 12,1). Auch sein eigenes Leben beschreibt Paulus als solchen Gottesdienst (Röm 1,9; Phil 2,17 u.a.).[8]

Die Konsequenzen liegen auf der Hand. Machen wir aus „Gottesdienst" wieder nur eine Veranstaltung, brechen wir dieser Botschaft die Spitze ab.[9] Wir verkürzen den Anspruch des Evangeliums auf unser ganzes Leben. Gerade die Ent-Grenzung des alttestamentlichen Gottesdienstes ist im NT die Pointe.

Natürlich werden sich Christen versammeln. Sie werden miteinander Gott loben, intensive Gemeinschaft erleben und Gott neu begegnen. Gerade so bekommen sie wieder Kraft und Vision, um ihre Sendung zu leben. Aber solche Versammlungen werden nirgends im NT Gottesdienst genannt – denn Gottesdienst lebt man, er ist nach dem NT gelebte Hingabe, er ist die Leidenschaft, den Willen Gottes zu erkennen und ihn zu tun (Röm 12,2). Wenn wir so den „Gottesdienst im Alltag der Welt"[10] leben, kann Glaube keine sonntägliche Privatsache bleiben. Wir nehmen dann teil an der *missio Dei*. Und wir werden Teil einer „mission-shaped church".

In der englischen *„fresh expressions"*-Bewegung werden zwei Ansätze unterschieden.[11] Zum einen der „worshipping first journey"-Ansatz, der vom „klassischen" Church Planting her kommt und mit einem Gottesdienst für eine neue Zielgruppe startet. Für kirchennahe Milieus kann das Sinn machen. Die ganze Zweit-Gottesdienst-Bewegung und die „seeker services" gehören zu diesem Ansatz.

Demgegenüber steht das „serving first journey"-Modell der *fresh expressions*. Wie in der äußeren Mission geht es hier zunächst um ein Hören und Wahrnehmen, um sich tief einzulassen auf eine andere Lebenswelt und Kultur. Durch ein konkretes Dienen kann dann etwas vom Reich Gottes sichtbar werden. Alles, was Gemeinschaft fördert, wird unterstützt. Nach vielen solchen „vertrauensbildenden Maßnahmen" werden einige Menschen bereit sein, erste Schritte der Nachfolge zu gehen, und sie werden dabei begleitet.

---

[8] Vgl. Eckstein, Hans-Joachim / Heckel, Ulrich / Weyel, Birgit: *Kompendium Gottesdienst*, Tübingen 2011, 22f; Vgl. Wick, Peter: *Die urchristlichen Gottesdienste*, Stuttgart 2003, 172 zu Phil 2,17: „Falls die Gefangenschaft des Paulus mit seiner Hinrichtung enden werde, so wäre sein Tod das Trankopfer [...] das über dem ‚Glaubensschlachtopfer' und der ‚Glaubensliturgie' der Philipper vergossen würde".

[9] Auffällig, wie häufig auch in neuerer Gottesdienst-Literatur alttestamentliche Zitate sind (vor allem aus den Psalmen im Blick auf den Tempel-Gottesdienst), wie wenig aber die zentralen neutestamentlichen Stellen bedacht werden.

[10] So schon: Käsemann, Ernst: *Gottesdienst im Alltag der Welt. Exegetische Versuche und Besinnungen*, Band II, Göttingen 1964, 198-204.

[11] Moynagh, Michael: *Church for Every Context*, London 2012, 206-210.

Verstehen wir Gottesdienst als „Ganzopfer" unseres Lebens und nicht als Sonntagsveranstaltung, führt dies auch zu einem anderen Leitbild von Gemeinde.

3. „einander" – ein zentrales Wort für Christen

Ein Problem der CA-Definition von Kirche steckt in dem Wort „predigen". Die Reformatoren konnten sich die Kommunikation des Evangeliums praktisch nur so vorstellen, dass eine größere Versammlung von vorne „angepredigt" wird. Und das prägt unsere Bilder von Kirche bis heute.

Sicher kann und darf auch Kanzelrede sein. Wie wenig die ersten Christen allerdings Predigt-Monologe gewöhnt waren, zeigt die Episode in Troas (Apg 20,7-12), als ein junger Christ bei der langen Predigt des Paulus einschläft und aus dem Fenster fällt. Für die Gemeinden damals war es vielmehr normal, miteinander in wechselseitiger Interaktion zu sein.

In Kolosser 3,16-17 heißt es, programmatisch für viele andere Stellen im NT, dass das Wort Christi dann mit seinem ganzen Reichtum unter uns wohnt, wenn wir *einander* lehren und ermahnen, *einander* aufmuntern mit geistlichen Liedern. Einander, wechselseitig – erst dann ist die Fülle des Wortes Christi unter uns da.

Wer dieser „einander"-Spur folgt, stößt auf viele Stellen. „Einander" scheint der Pulsschlag der ersten Gemeinden gewesen zu sein, eines der häufigsten Worte in den paulinischen Briefen überhaupt: einander tragen, trösten, ermahnen, ermutigen, lieben, dienen, aufbauen, vergeben, wertschätzen etc.[12]

Was aber folgt daraus für die Gestaltwerdung von Gemeinde, wenn solch ein Reziprok-Pronomen zum Refrain wird und den inneren Herzschlag bildet? „Einander" drückt immer Gegenseitigkeit und ein Beziehungsgeschehen aus. „Einander" geht nicht in Kirchenbänken und im Hintereinander-Sitzen. „Einander" geht schon eher bei der Tischgemeinschaft, beim Kirchenkaffee und beim Miteinander im sozialmissionarischen Projekt. „Einander" geht nicht bei einem von vorn gesteuerten Programm, „einander" braucht Freiraum für Begegnung und das freie Spiel vielfältiger Kommunikation, einen Rahmen, der auch Ungeplantes zulässt.

Solch ein nicht zu steuerndes „Einander" löst bei manchen Angst aus. Führt das nicht geradewegs ins „Durch-Einander"? Auch Paulus kennt solche Ordnungsfragen. Er löst sie aber nicht dadurch, dass er das „einander" eindämmt, sondern ordnet es durch ein „einer nach dem anderen"(1. Kor

---

[12] Eine Zusammenstellung von 38 „einander"-Stellen findet sich bei: Marshall, Tom: *Right relationships*, Lancaster 2014, 155-156.

14,31). Das setzt freilich immer voraus: „Wenn ihr zusammenkommt, dann hat jeder etwas beizutragen." (1. Kor 14,26)

4. Gemeinde leben in vier Sphären

Josef Meyers beschreibt in „The search to belong"[13] vier Sphären, in denen Menschen nach Gemeinschaft suchen und in denen Gemeinde Gestalt gewinnen kann. Er greift dabei auf die „Theorie der Distanzzonen" des Anthropologen Edward T. Hall zurück, der eine intime, eine persönliche, eine soziale und eine öffentliche Distanzzone unterscheidet.

In der *intimen* Sphäre, am einfachsten als tiefgehendes Zweiergespräch vorstellbar, teilen wir mit anderen sehr persönliche Dinge, weil tiefes Vertrauen gewachsen ist oder weil wir das so vereinbart haben. Zur intimen Sphäre gehört die eigene Partnerschaft und die „beste Freundin" oder der „beste Freund", aber auch der Bereich von Seelsorge, Mentoring und Gebet füreinander.

Auch in der *persönlichen* Sphäre bin ich noch ganz selbstverständlich zuhause. Hier geht es um Gruppen von fünf bis zwölf Personen, um jugendliche Cliquen, den Stammtisch oder den Hauskreis. Hier begegnen wir Menschen, die wir schon lange kennen, und hier müssen wir uns nicht erst groß erklären und vorstellen. Neue finden allerdings nur schwer in solch vertraute Gruppen hinein.

Am spannendsten ist das Nachdenken über die *soziale* Sphäre. Dort sind zwischen 10 und 50 Personen zusammen. Das können Chöre, Sport- oder Projektgruppen, Partys oder Kurse sein. Selten werden wir hier sehr persönliche Dinge mitteilen. Aber wir sitzen auch nicht sprachlos in Reihen hintereinander, sondern es gibt Raum für Begegnung und Gespräch. Wir kennen schon einige oder lernen andere neu kennen. In der sozialen Sphäre können Neue sehr leicht und ganz organisch „andocken".

Der *öffentliche* Raum beginnt bei mehr als 50 Personen. Kennzeichen ist ein Bühne-Zuschauer-Setting und ein Programm, das von vorne gesteuert wird. Viel „Input" ist möglich, aber wenig Gemeinschaft. Wir fühlen uns sicher, weil niemand etwas von uns will – und gleichzeitig anonym, weil wir eben mit anderen kaum in Kontakt kommen. Zur öffentlichen Sphäre gehören Gottesdienste und alle Veranstaltungen, bei denen wir hintereinander sitzen. Hier können Neue zwar leicht dazukommen, bleiben aber auch leicht fremd, solange das Von-Vorne-Setting nicht bewusst aufgebrochen wird (z.B. durch Gesprächsgruppen). Gibt es im Anschluss einen Kirchenkaffee, ist dieser wieder zur sozialen Sphäre zu zählen.

---

[13] Meyers, Joseph R.: *The search to belong*, Zondervan 2003.

Von der Geschichte haben wir als Kirche einen Hang zur öffentlichen Sphäre, zu Gottesdiensten und Veranstaltungen. Wenn es gut geht, dann noch ergänzt durch Kleingruppen in der *persönlichen* Sphäre und durch Seelsorge, was zur *intimen* Sphäre zu rechnen ist. Aber ist es wirklich so toll, wenn wir nur die Hinterköpfe der Reihe vor uns sehen? Müsste es nicht ein Kennzeichen von Gemeinde sein, dass wir uns vor allem in die Augen sehen können? Weniger Veranstaltungen in der öffentlichen Sphäre und mehr „mit-einander" in der sozialen Sphäre wäre hilfreich. Denn neue Menschen erreichen wir am natürlichsten in dieser Sphäre. Das könnte heißen, mehr Feste zu feiern, aber auch ganz bewusst „mission-shaped communities" und „clusters" zu fördern.[14]

Interessant ist, dass die Haus-Gemeinden im NT in der *sozialen* Sphäre daheim waren. Sie dürften zwischen 10 und 40 Personen umfasst haben.[15] Hier war Tisch-Gemeinschaft und das „einander" möglich. Auch eine *fresh expression* in GB, so ergab eine groß angelegte Untersuchung, hat durchschnittlich 44 Personen[16] und bewegt sich damit weitgehend in der sozialen Sphäre.

Wollen wir als Menschen gesunde Beziehungen leben, müssen wir in allen Sphären zuhause sein. Überall soll Gemeinde Gestalt gewinnen. Aber gerade in der sozialen Sphäre kann gleichzeitig Gemeinschaft und Offenheit gelebt werden. Nicht von ungefähr hat gerade hier die *„fresh expressions"*-Bewegung ihr Herz.

5. Kirche als neue Beziehungs-Qualität in vier Richtungen

Zurück zur CA-Definition von Kirche als „Versammlung aller Gläubigen [...], bei denen das Evangelium rein gepredigt und die Sakramente dem göttlichen Wort gemäß gereicht werden". Die Intention ist, Kirche als „creatura verbi" zu definieren, die aus dem Hören auf Gott entspringt.

Die Wirkungsgeschichte aber zeigt, dass damit Programme wie ein Sonntags-Gottesdienst und die öffentliche Sphäre in den Vordergrund rückten. Stellvertretend für die *„fresh expressions"*-Bewegung stellt Michael Moynagh[17] diese Definition in Frage. Nicht die richtigen Praktiken und Pro-

---

[14] Breen, Mike / Bob Hopkins: *Clusters*, 3DM Publications, http://weare3dm.com, 2007.
[15] Stuhlmacher, Peter: *Der Brief an Philemon*, EKK, Neukirchen-Vluyn 1975, 72.
[16] The Church Commisioners for England (Hg.): *From anecdote to evidence*, 2014, 15. http://www.churchgrowthresearch.org.uk/UserFiles/File/Reports/FromAnecdoteToEvidence1.0.pdf.
[17] Moynagh 2012, 106-114.

gramme seien das eigentliche Herzstück von Kirche, sondern Beziehungen in vier Richtungen, die in neuer Qualität gelebt werden. Es geht um die Beziehung zum dreieinigen Gott, um tragfähige Beziehungen untereinander, um die Sendung und Liebe zur Welt und um die Teilhabe an der weltweiten Kirche Jesu Christi. Das Motto der Gemeinde kann dann schlicht lauten: Wir lieben den dreieinigen Gott (UP), wir lieben einander (IN), wir lieben die Welt (OUT), wir lieben die ganze Kirche (OF).

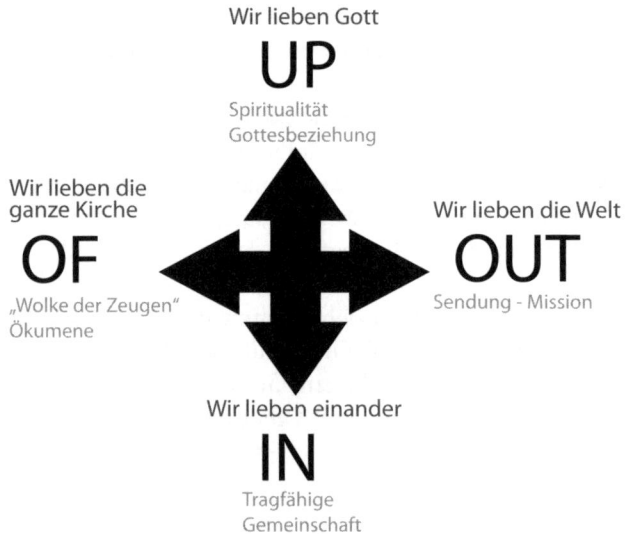

Die Liebe zu Gott (UP) kann sich dann darin zeigen, dass Menschen zum lebendigen Glauben kommen und ihr Herz an ihn verlieren, dass eine leidenschaftliche Spiritualität gelebt wird, ein Hunger nach der Begegnung mit Gott entsteht, nach Bibel und Gebet. Wir sind dann fasziniert von dem dreieinigen Gott, der in sich selber schon Beziehung und Gemeinschaft ist, und preisen den, der von Anfang an „das Wort" ist (Joh 1,1), also Kontaktaufnahme, Beziehung und Kommunikation pur.

Die Liebe untereinander (IN) macht Gemeinde zu einem Ort, an dem auch bisher Distanzierte eine neue Beziehungsqualität spüren und neugierig werden auf die Quelle dahinter (Joh 13,35). Die Tragkraft der Beziehungen zeigt sich im vielfachen „miteinander". Dieses schließt auch das „einander vergeben" ein und orientiert sich am Grundgesetz Christi: Einer trage die Last des Anderen mit (Gal 6,2).

Die Liebe zur Welt (OUT) ist dann kein missionarisches (Zusatz-)Programm, sondern Herzschlag der Gemeinde. Wer mit Gott redet, sollte mit ihm über das reden, was ihn interessiert. Und dieser Gott hat einen leidenschaftlichen Hang zu seinen Menschen, die er von innen her gewinnen will.

„There is no participation in Christ without participation in his mission." (Weltmissionskonferenz Whitby 1947) Gemeinde kann nicht mürrisch, fromm und selbstgerecht außen vor bleiben, wenn das Fest der Heimkehr gefeiert wird (Lukas 15,28), sie hat teil an der *missio Dei.*

Die Liebe zur ganzen Kirche (OF) bekennen wir schon im Apostolikum. Wir glauben, dass der Geist eine heilige, allgemeine und umfassende Kirche schafft. Die Liebe zur Weltkirche (ein Begriff, den Protestanten neu lernen könnten), die Liebe auch zur „Wolke der Zeugen" (Hebr 12,1) und zur Tradition, zum Stamm und zur Wurzel, die uns trägt (Röm 11,18), aber auch die konkrete Vernetzung der Christen heute und ihre stadtweite Zusammenarbeit sind dann kein Hobby für Einheits-Idealisten, sondern gehören zum Wesen jeder Ekklesia. Für Jesus hängt unsere Glaubwürdigkeit nach außen an unserer gelebten Einheit untereinander (Joh 17,23).

Gemeinde gesund zu entwickeln, kann dann anhand des „Beziehungs-Kompasses" geschehen. Das Ziel ist, Beziehungen in alle vier Richtungen zu stärken und weiterzuentwickeln. In der Konkretion wird es dann auch wieder um Programme, Praktiken und Strategien gehen – aber sie stehen und fallen damit, ob sie wirklich Beziehungsqualität in den genannten „vier Himmelsrichtungen" von UP, IN, OUT und OF schaffen.

Solch ein Beziehungs-Denken ist ganz auf biblischer Linie. Der dreieinige Gott hat in sich selbst Gemeinschaft. Das ist eigentlich ein faszinierendes Gottesbild. Auch das christliche Menschenbild ist beziehungsgeprägt. Gott schafft den Menschen nach Gen 1,27 als sein Gegenüber und gleichzeitig „als Mann und Frau", in der Polarität der Geschlechter, eben als Beziehungswesen durch und durch. Die Versöhnung mit Gott durch das Sterben und Auferstehen Jesu ist wiederhergestellte Beziehung. Und der Refrain des „einander" in den Paulus-Briefen kommt deshalb nicht von ungefähr. Die Liebe ist das Größte und wird bleiben (1. Kor 13,13). Typisch christlich ist nicht die Kategorie „Programm", sondern die Kategorie „Beziehung".

6. Die Out-Dimension als Herausforderung: Gemeinde als Weizenkorn

Zwei Dimensionen gilt es noch weiter zu entfalten. Sie sind beide für *fresh expressions* elementar, und sie sind oft unterbelichtet: die gelebte Sendung (OUT) und die Vernetzung im Leib Christi (OF).

„Das Thema Mission findet sich vor dem frühen 20. Jahrhundert in keiner der zentralen Bekenntnisschriften der westlichen Christenheit"[18] stellt Darrell Guder fest. In einer Staatskirche ging es verständlicherweise um die

---

[18] Guder, Darrell: *The Continuing Conversion of the Church*, Grand Rapids 2000, 10.

„Weitergabe des Glaubens" durch Religions- und Konfirmanden-Unterricht. Mission und Erstverkündigung waren hier Fremdworte – und sind es zum Teil heute noch.

Für das NT sind aber Zeugnis, Berufung, Sendung und Mission untrennbar mit dem Christsein verbunden. Der Christ im NT ist eben nie nur Empfänger des Wortes, sondern immer auch Zeuge (martyr), er lebt seine Berufung.[19] Zurecht merkt Darrell Guder an: „Oft wird festgestellt, dass die neutestamentlichen Schriften die Kirche nicht explizit zur Mission auffordern – sie gehen schlicht davon aus, dass Mission ihre Existenzgrundlage ist."[20]

Seit 2004 bezeichnet sich die „Church of England" als „mission-shaped church" und kehrt so zu biblischen Wurzeln zurück. Ursprünglich war statt „mission-shaped" eine andere Formulierung im Gespräch: „dying to live". Aber Kommunikationsberater rieten vehement davon ab. Hinter dem Motto „dying to live" stand ein intensives Nachdenken über ein Wort Jesu, das die nötige Haltungsänderung in Richtung Hingabe beschreibt: „Wenn das Weizenkorn nicht in die Erde fällt und stirbt, bleibt es ein einzelnes Korn. Wenn es aber stirbt, bringt es viel Frucht." (Joh 12,24)

Übertragen hieß das: Nur wenn wir als Anglikanische Kirche bereit sind, Gebäude, staatskirchliche Privilegien und immer wieder auch unsere bisherige Gestalt von Kirche aufzugeben, uns selber hinzugeben, uns neu „in den Acker der Welt" säen lassen, nur dann wächst neue Frucht. Sendung, das macht dieses Bild vom Weizenkorn deutlich, ist wie bei Jesus selber immer auch Opfermut, Machtverzicht und Entäußerung (Phil 2,7). Wir könnten auch sagen: Es ist Gottesdienst, neutestamentlich verstanden.

Jesus sagte ja nicht: „Ladet sie ein...", sondern: „Geht hin..." und hat gerade den Hingehenden seine Präsenz zugesagt (Mt 28, 20). „Hingehen" bedeutet dann immer, den „Heimspiel"-Vorteil aufzugeben. Die Erfahrung der Fremde soll auf unserer Seite liegen, nicht auf der Seite unserer Adressaten.

Mission ist aber nicht nur Hingabe, sondern auch die Einladung zu einem Abenteuer mit Gott. „Mission heißt wahrzunehmen, was Gott tut, und sich dort einzuklinken." Das ist einer der Kernsätze im *„fresh expressions"*-Kurs. Für viele ist es befreiend, Mission wieder konsequent als Gottes Sache zu verstehen, als *missio Dei* .[21] Eine so verstandene Sendung ist weit entfernt von der Macher-Mentalität missionarischer Programme.

---

[19]   Hierzu vor allem Barth, Karl: *Kirchliche Dogmatik IV 3/2 § 71 „Des Menschen Berufung"*, Zürich 1979, 553 -703.

[20]   Guder 2000, 52.

[21]   Der südafrikanische Missionstheologe David Bosch hat *missio Dei* so beschrieben: „Mission ist nicht primär eine Aktivität der Kirche, vielmehr ein Attribut Gottes. Gott

Sie nimmt wieder Maß an Lukas 10. Jesus sendet seine Jünger und sagt ihnen zunächst, was sie alles dalassen sollen. Er sendet sie ohne Ausrüstung, ohne Absicherungen, er macht sie zu Bittenden, zu Gästen ihrer „Zielgruppe". Als die, „die nichts haben und doch alles haben" (2. Kor 6,10), sollen sie anklopfen und den „Shalom" zusprechen. Und wo euch geöffnet wird, da, sagt er, ist eine Basisstation für euch. Bleibt dort, bewegt euch nicht mehr weg, wirkt von dort aus in konzentrischen Kreisen. (Lk 10,1-11) So hat es dann auch Paulus gemacht, denken wir z.B. an Lydia in Philippi. Ihr Haus wurde zur Basisstation für eine Oikos-Gemeinde.[22]

Die Aufgabe der Jünger besteht also nicht darin, Glauben zu „machen", sondern „Menschen des Friedens" zu suchen und bei ihnen zu bleiben. Diese „Menschen des Friedens" sind bereits in irgendeiner Weise von Gott berührt. Sie öffnen ihre Häuser. Gott hat schon eine Geschichte mit ihnen begonnen, bevor die Jünger kommen.

Und Jesus sendet keine Einzelgänger. Die kleinste Zahleneinheit im Reich Gottes ist wohl zwei. Auch hier müssen wir ein Denkmuster durchbrechen, das lautet: Wir erleben christliche Gemeinschaft am Sonntag, aber wenn es um Sendung geht, um „Glaube am Montag", da ist jeder auf sich allein gestellt. Wenn wir uns umschauen, werden wir allerdings merken, dass wir häufig ja gar nicht allein sind als Christen in der Alltags- und Freizeitwelt.

Und wenn wir Gemeinde auch anders denken können, ist eine „Gemeinde-Zelle" im Krankenhaus, in der Schule oder im Betrieb keine Illusion. Dann träumen wir in der Eltern-Kind-Gruppe schon von Gemeinde, die hier werden könnte. Dann sitzen wir in unserem Lieblingscafé und stellen uns eine monatliche „café church" vor. Es gibt 1001 Möglichkeiten für eine *fresh expressions of church*.

Nur ist auch sofort klar: Konfessionalität geht da nicht, die klappt nur am Sonntag. Die Dimensionen von OUT und OF hängen ineinander.

---

ist ein missionarischer Gott [...] Mission wird so als eine Bewegung von Gott in die Welt hinein gesehen und die Kirche als ein Instrument für diese Mission. Es gibt Kirche, weil es Mission gibt – nicht vice versa." Bosch, David: *Transforming Mission*, New York 1991, 390. (dt.: Bosch, David: *Mission im Wandel*, Gießen 2012). Vgl. auch den Aufsatz von Patrick Todjeras in diesem Buch Seite 57.

[22] Gehring, Roger: *Hausgemeinde und Mission* , Gießen 2000, 220ff.

7. Die OF-Dimension als Herausforderung: Mission braucht Einheit

Nicht von ungefähr ist die ökumenische Bewegung auf dem Missionsfeld entstanden. Es ist ja auch schwer, einem Nichtchristen klar zu machen, warum er nun lutherisch, methodistisch oder charismatisch Christ werden soll. An der Schule, am Arbeitsplatz, in der Stadtteil-Runde können wir die sonntäglich-konfessionelle Aufspaltung nicht durchhalten. Wir werden dort nur im Miteinander als Christen Wirkung haben.

Fresh X ist als noch junges deutsches Netzwerk[23] eine atemberaubend ökumenische Kooperation. Das liegt in der Natur der Sache. Gerade in kaum erreichten Lebenswelten bringt keiner ein fertiges Gemeindekonzept mit, und auch liturgische Richtigkeit ist hier wenig gefragt. Sicher, die *Fresh X* vor Ort braucht in der Regel einen Träger und wird selten eine ökumenische Neugründung sein. Aber wenn im *Fresh X-Kurs* Methodisten und Katholiken, Gemeinschaftsleute und CVJMer, Landeskirchler und Charismatiker gemeinsam eine geistliche Reise beginnen, dann staunen sie oft, dass die anderen das gleiche Anliegen haben und „gar nicht so komisch sind".

Wer trotz aller notwendigen Auseinandersetzungen die ganze Kirche liebt, lernt neu das Staunen über den Reichtum im Volk Gottes. Um es in einem Bild zu sagen: Denkt ein Mediziner beim Stichwort „Leber" nur noch an mögliche Leberzirrhose, verpasst er die Faszination über dieses zentrale Organ des Stoffwechsels. Wer bei anderen christlichen Gruppen nur mögliche Krankheitsbilder vor Augen hat, wird den Reichtum des Leibes Christi nie erfassen.

Noch in anderer Hinsicht ist die OF-Dimension wichtig. „Schon bei Paulus wird die Kirche (‚ekklesia') bereits in ihrer vielfältigen Gestalt (1.) als die gesamte Kirche Jesu Christi, (2.) als die zusammengefassten Kirchen einer Provinz oder Landschaft, (3.) als die sich aus allen Christen zusammensetzende Kirche / Gemeinde eines Ortes und (4.) als die sich in einem Privathaus zum Gottesdienst versammelnde kleinste Gestalt der Kirche in Form einer Hausgemeinde bezeichnet."[24]

Für die theologische Begründung einer *mixed ecomony* ist das ein wichtiger Hinweis. Wenn ekklesia im NT gleichzeitig für die Oikos-Gemeinde, für Gemeinde in der Stadt oder Provinz und auch für die Weltkirche steht, dann wird damit das Monopol von Ortsgemeinden, sich als Gemeinde zu bezeichnen, aufgebrochen. Gemeinde hört dann eben auch nicht bei der Ortsgemeinde auf, das wäre sonst Sektierertum. Genau wie die kleine Gruppe nach unten, z.B. eine *Fresh X*, schon vollgültig Gemeinde ist, so ist auch

---

[23] Siehe www.freshexpressions.de.
[24] Eckstein/Heckel/Weyel 2011.

nach oben das stadtweite Netzwerk schlicht ekklesia – und so wichtig wie die eigene Sonntags-Gemeinde.

Deshalb ist auch nicht „die Ortsgemeinde die Hoffnung der Welt"[25]. Ein solches Denken kann schnell zu einem fromm verbrämten Organisations-Egoismus führen und zu Gemeindeexpansion auf Kosten anderer. Die Hoffnung der Welt ist die eine Gemeinde Jesu Christi als Netzwerk von kleinen missionalen Gemeinschaften, von Gottesdienstgemeinden und übergreifenden Gemeinde-Netzwerken.

Fazit

Bei *Fresh X* geht es um mehr als nur um äußere frische Gemeindeformen. Doch eben diese führen von der Praxis her zu einem neuen und spannenden Nachdenken über Kirche.

Ein weiter Raum tut sich auf. Wie bei jeder neu gewonnenen Freiheit wird sich dann Faszination mit Angst mischen, scheinen sich doch die bisherigen Leitplanken des Gewohnten aufzulösen. Das empfinden wir schon, wenn wir anderen Gemeinden weltweit in ihrem Kontexten begegnen. „Es verunsichert uns, wenn wir entdecken, dass Treue zu Christus in Kulturen, die sich von unseren unterscheiden, ganz anders aussieht als die Grundmuster, die sich bei uns herausgebildet haben."[26] Wenn solche Verunsicherung dann nicht nur bei einer Reise, sondern dauerhaft vor der eigenen Haustür stattfindet, ist das herausfordernd.

In einer *mixed ecomony* wird aber diese fruchtbare Spannung ausgehalten. Einerseits wird dann die Tradition, ganz im Sinn der OF-Dimension, gerade auch von Pionieren, wertgeschätzt. Andererseits werden aber auch die neu entstehenden *fresh expressions of church* und ihre Impulse ernstgenommen, so dass ein Dialog auf Augenhöhe beginnen kann.

Spannend wird dieser auf alle Fälle. Aber wir brauchen den Mut zu solchen Expeditionen ins „Freigelände Gottes". Nur so werden wir den Weg für eine zukünftige Kirche finden.

---

[25] So der Slogan von Willow Creek.
[26] Guder 2000, 90.

ACHIM HÄRTNER: DIE KIRCHE DER ZUKUNFT – EINE BETEILIGUNGSKIRCHE?[1]

I. Geistliche Heimat finden – welche Rolle spielt hierbei die Kirche?

1. Der erklärte Wille der Evangelischen Kirche: „Den Menschen geistliche Heimat geben"

Im Impulspapier „Kirche der Freiheit" (2006) formulierte der Rat der EKD Zukunftsvisionen in Gestalt von „Zwölf Leuchtfeuern der Zukunft". Das erste führt uns mitten hinein in unser Thema, es lautet:

„Auf Gott vertrauen und das Leben gestalten – den Menschen geistliche Heimat geben.

Im Jahre 2030 ist die evangelische Kirche nahe bei den Menschen. Sie bietet Heimat und Identität an für die Glaubenden und ist ein zuverlässiger Lebensbegleiter für alle, die dies wünschen. Ein vergleichbares Anspruchs- und Qualitätsniveau in allen geistlichen und seelsorgerlichen Kernvollzügen zeichnet die Erkennbarkeit und Beheimatungskraft der evangelischen Kirche aus."[2]

„Menschen geistliche Heimat und Identität bieten" wird hier als erste Kernaufgabe der Kirche beschrieben. Eine geistliche Heimat ist ebenso wie eine geistliche Identität nichts Statisches, sondern hat mit Beziehung, Bewegung und Beteiligung zu tun. Wenn wir fragen: *Die Kirche der Zukunft – eine Beteiligungskirche?*, gehen wir von der – alles andere als selbstverständlichen – Überzeugung aus, dass junge und nicht mehr ganz so junge Menschen im Wirkungskreis der Kirche bedeutsame und lebensprägende Glaubenserfahrungen machen, sodass sie ihnen „Heimat und Identität" gibt und zur „zuverlässigen Lebensbegleiterin" wird. Wie realistisch ist das?[3]

---

[1] Überarbeiteter Vortrag, gehalten am 11.04.2014 beim Konvent der Jugendreferentinnen und -referenten des EJW Stuttgart zum Thema: Jugendlichen geistliche Heimat bieten. Der Vortragsstil wurde beibehalten.

[2] Rat der EKD (Hg.): *Kirche der Freiheit. Perspektiven für die Evangelische Kirche im 21. Jahrhundert*, Hannover 2006, 49.

[3] Vgl. Kopp, Hansjörg / Hügin, Stefanie / Kaupp, Steffen / Borchard, Inga / Calmbach, Marc (Hg.): *Brücken und Barrieren. Jugendliche auf dem Weg in die Evangelische Jugendarbeit*, Neukirchen-Vluyn 2013; Ilg, Wolfgang / Heinzmann, Gottfried / Cares, Mike (Hg.): *Jugend zählt! Ergebnisse, Herausforderungen und Perspektiven aus der Statistik 2013 zur Arbeit mit Kindern und Jugendlichen in den Evangelischen Landeskirchen Baden und Württemberg*, Stuttgart 2014.

2. Die Kirche – die schwierigste Frage des Christentums

Sobald die Frage nach der Kirche aufkommt, regen sich alsbald die Emotionen – zumindest bei denen, die nicht gleich dankend abwinken. Die einen lieben die Kirche, die anderen hassen sie, wieder andere ignorieren sie. John Wesley (1703-91), anglikanischer Pfarrer und Gründervater der Evangelisch-methodistischen Kirche, hat sie voll Inbrunst als „die Bühne der göttlichen Weisheit"[4] bezeichnet. Der Philosoph Friedrich Nietzsche hingegen nannte sie, nicht weniger engagiert, das „Grab und Grabmal Gottes".[5] Gegenwärtig begegne ich immer häufiger Menschen, die keinerlei religiöse „Antenne" zu haben scheinen, denen Kirche schlichtweg egal ist. D. Elton Trueblood (1900-1994) hat offenbar recht mit seiner These: „Die schwierigste Frage der Christenheit ist die Frage der Kirche. Mit der Kirche können wir nicht leben, aber ohne sie können wir auch nicht leben."[6]

Die schwierigste Frage ist die nach der Kirche, vor allem aus zwei Gründen: 1., weil wir in den Schriften der Bibel, in den kirchlichen Traditionen und deren unterschiedlichen Kontexten so viele verschiedene ekklesiologische Stimmen hören, dass sie kaum zu einem Konsens hin gebündelt werden können, und 2., weil das Bild von Kirche in unserer Zeit in einem stetigen Wandel begriffen ist – und sein muss: *ecclesia semper reformanda!*

Mit der Kirche können wir nicht leben, weil die bereits von Martin Luther benannte Spannung zwischen *erglaubter und erfahrener Kirche* immer wieder unvermittelt zutage tritt, wenn das Bild jener „heiligen christlichen Kirche, Gemeinschaft der Heiligen" von der wir in unseren Gottesdiensten mit dem Apostolischen Glaubensbekenntnis sprechen, in der öffentlichen Wahrnehmung durch Missbrauchsskandale, Geldverschwendung und weitere Unrechtsbezeugungen in ein Zerrbild ihrer selbst verwandelt wird.

Ohne sie können wir nicht leben, weil der Weg Gottes mit den Suchenden und Glaubenden in seiner Welt immer eine soziale Gestalt braucht und finden muss, sei es in der Sammlung des wandernden Gottesvolkes als *Versammlung Gottes (qahal JHWH)* im AT, sei es in der Gestalt der Erwählten, *Herausgerufenen (ekklesia tou theou)* und Ausgesandten im NT – das ist Gemeinde und Kirche durch die Zeiten bis hinein in unsere Gegenwart.

---

[4]   Wesley, John: *Explanatory Notes Upon the New Testament*, in einem Kommentar zu Eph 3,10, London 1924 (reprint).

[5]   Der tolle Mensch: „Was sind denn diese Kirchen noch, wenn sie nicht die Gräber und die Grabmäler Gottes sind?", Nietzsche, Friedrich: *Die fröhliche Wissenschaft*, München 1959, 166f.

[6]   Zitiert bei de Souza, José Carlos: *Eine inklusive, missionarische Kirche auf dem Weg*, in: Nausner, Michael (Hg.): *Kirchliches Leben in methodistischer Tradition. Perspektiven aus drei Kontinenten*, RTS 6, Göttingen 2010, 255-272, Zitat: 255. Auch die beiden vorausgehenden Zitate sind dort entnommen.

3. Was ist Kirche? Ausgewählte Aspekte der Ekklesiologie in ökumenischer Sicht

„Es weiß gottlob ein Kind von sieben Jahren, was die Kirche sei ..." konnte Luther seinerzeit sagen, und wir heute? – Schön wär's! Von was sprechen wir, wenn wir „Kirche" sagen? Wenn wir dazu ins NT schauen, treffen wir auf das Wort *ekklesia*, das verschiedene Bedeutungen haben kann. Dort steht *ekklesia* für 1. die kleine Hausgemeinde (Röm 16,5; Phlm 2), 2. die größere Ortsgemeinde (1. Kor 1,2), 3. die Gemeinden in einer Provinz (Apg 15,41), 4. die Kirche im ganzen Erdkreis (Mt. 16,18). Ekklesia steht – mit Paulus gesprochen – für den „Leib Christi" (Röm 12; 1. Kor 12), die unseren Augen verborgene Gesamtheit der Glaubenden in ihrer Gemeinschaft mit Christus und anderen Christen (1. Kor 4,17). Alle Größenordnungen von Gemeinde bzw. Kirche sind in die *ekklesia* mit eingeschlossen, „dabei gibt es keine Prioritäten oder Nachordnungen."[7]

„Es weiß gottlob ein Kind von sieben Jahren, was die Kirche sei, nämlich die heiligen Gläubigen und die ‚Schäflein, die ihres Hirten Stimme hören'."[8] So sagte es *Luther* 1537 in den Schmalkaldischen Artikeln. Demnach ist die Kirche und damit die Gemeinde ihrem Wesen nach eine Versammlung von Menschen, die zusammen sind, weil sie einen Hirten, nämlich Jesus Christus, haben, auf den sie hören. Das ist eine Grundaussage jeder protestantischen Kirchen- und Gemeindetheorie[9]: Die Kirche ist christologisch begründet. Christus ist es, der seine *ekklesia*, seine Gemeinde, seine Kirche baut (Matth. 16,18). Diese ekklesiologische Grundbestimmung gilt auch für den *Methodismus*, der im England des 18. Jh. wesentliche Impulse aus der reformatorischen Theologie aufgegriffen und umgesetzt hat, zugleich aber der Lehre der Kirche von England verpflichtet blieb. John Wesley und die frühen Methodisten haben sich schwer getan mit einer eigenständigen Lehre von der Kirche. Vergleichbar mit der Reformation im 16. Jh. verstanden sie sich am Beginn des Industriezeitalters als Erneuerungsbewegung innerhalb der etablierten *Kirche von England*. Wesleys Ziel bestand darin, die kirchlichen Institutionen zu erneuern, nicht darin, sie zu ersetzen.[10] Daher hat er den größten Teil der anglikanischen Tradition als Rahmen für sein eigenes Nachdenken über die Kirche übernommen. Wenn er vom Wesen der Kirche

---

[7] Grethlein, Christian: *Kirche – ein praktisch-theologischer Begriff. Überlegungen zu einer Neuformatierung der Kirchentheorie*, PTh 101 (2012), 136-151, 147.

[8] Luther, Martin: WA 50, 250 = BSLK, 489 = Schmalkaldische Artikel III,6.

[9] Vgl. Hauschildt, Eberhard / Pohl-Patalong, Uta: *Kirche*, LPTh 4, Gütersloh 2013; Zimmermann, Johannes: *Gemeinde zwischen Individualität und Sozialität. Herausforderungen für den Gemeindeaufbau im gesellschaftlichen Wandel*, BEG 3, Neukirchen-Vluyn, 2. Aufl. 2009.

[10] Zum Folgenden vgl. Heitzenrater, Richard P.: *Wesleyanische Ekklesiologie. Der Methodismus als Gnadenmittel*, in: Nausner 2010, (Anm. 6/156), 75-89.

sprach, zitierte er gerne Artikel 19 „Von der Kirche" aus den 39 Glaubensartikeln der Anglikanischen Kirche, welcher die wesentlichen Aussagen der *Confessio Augustana* (Art. VII) aufgreift, die zu den Bekenntnisgrundlagen der EKD gehört:

„Die sichtbare Kirche Christi ist die Versammlung der Gläubigen, in der das reine Wort Gottes gepredigt und die Sakramente nach der Anordnung Christi recht verwaltet werden."[11]

Wort und Sakrament werden als grundlegende Kennzeichen der Kirche (*notae ecclesiae*) benannt, damit verbunden ist ein hohes Maß an Freiheit in anderen Belangen. Wie bei den Reformatoren waren auch bei Wesley theologische Prinzipien und praktisches Handeln nicht immer deckungsgleich, Situation und Kontext bestimmten häufig die Entscheidungen. Tatsächlich entstand mit den methodistischen Gemeinschaften eine neue soziale Realität, die weit über die Verkündigung des Wortes und die Feier der Sakramente hinausging. Im Hören auf den „Hirten" setzten sich Wesley und die Seinen mit Leib und Seele dafür ein, „Seelen zu retten und schriftgemäße Heiligung über die Lande zu verbreiten", und dies, wenn nötig, auch im Widerspruch zur parochial strukturierten Amtskirche, wie sein berühmter Ausspruch „The world is my parish!" (Die Welt ist mein Kirchenkreis) deutlich macht. Der bereits 74-jährige Wesley schreibt in einem Brief, mit deutlichem Anklang an Matthäus 16,18:

„Gib mir einhundert Prediger, die nichts als die Sünde fürchten und nach nichts verlangen als nach Gott, und ich schere mich nicht einen Strohhalm darum, ob sie Geistliche oder Laien sind. Nur solche werden die Pforten der Hölle erschüttern und das Reich Gottes auf Erden aufrichten!"[12]

Im Mittelpunkt wesleyanischer Ekklesiologie steht nicht die Abgrenzung von der Amtskirche, sondern die möglichst umfassende Umsetzung des biblischen Missionsauftrags in der kirchen- und nationenübergreifenden Perspektive eines „catholic spirit" (umfassende Geisteshaltung). Wesleys Denkhorizont war die *eine, heilige, allgemeine* und *apostolische* Kirche, die wesentlich und unaufgebbar der *missio Dei,* der Missionsbewegung Gottes in die Welt hinein verpflichtet ist. Im Hintergrund dieser Auffassung steht das *Nizänische Glaubensbekenntnis* (325, überarbeitet 381), das zu den Grundbekenntnissen der christlichen Kirche zählt. Weil diese Wesensbeschreibung von Kirche im ökumenischen Kontext so wichtig ist, seien die vier Aussagen hier kurz erläutert und auf die Gegenwart bezogen:[13]

---

[11] Zu den Lehrgrundlagen der Evangelisch-methodistischen Kirche vgl. *Verfassung, Lehre und Ordnung der Evangelisch-methodistischen Kirche,* Frankfurt/M. 2012, 55-68.

[12] Wesley, John: *Letters,* hg. von John Telford, Bd. 7, London 1931, 271.

[13] Ausführlicher dargestellt in: Härtner, Achim: *Neue Ausdrucksformen von Gemeinde*

- *Eine Kirche*: Das Gebet Jesu „damit alle eins seien" (Joh 17,20f) gibt die Leitlinie vor: Keine Gemeinde oder Kirche kann den Anspruch erheben, für sich allein existieren zu wollen. Im Bildwort „viele Glieder, ein Leib" (1. Kor 12,20; Röm 12,4-8) erinnert das Neue Testament an das grundlegende Wesensmerkmal der im Herrn der Kirche begründeten Einheit (Eph 4,3-6). Der Glaube an den gekreuzigten und auferstandenen Herrn, die Taufe als Geschenk der unverdienten Liebe Gottes und der Sendungsauftrag Jesu Christi sind inhaltliche Kennzeichen dieser Einheit. Die unterschiedlichen Kirchen und Denominationen haben jeweils übergeordnete, mehr oder weniger bindende Strukturen (z.B. Ordnungen, Ämter) entwickelt, mithilfe derer die Einheit angesichts der Verschiedenheit der Ortsgemeinden und kirchlichen Arbeitszweige (z.B. Jugendarbeit) in der Praxis gewährleistet werden kann.[14] Zusammenschlüsse wie die Arbeitsgemeinschaft Christlicher Kirchen (ACK) oder die Arbeitsgemeinschaft der evangelischen Jugend (aej) u. v. m. bringen das Bestreben um Einheit zum Ausdruck, das weiter verfolgt werden muss, „damit die Welt glaube" (Joh 17,21).
- *Heilige Kirche*: Diese Dimension qualifiziert Kirche und deren Arbeitsbereiche und unterscheidet sie von anderen menschlichen Vergemeinschaftungsformen: „Ihr aber seid das auserwählte Geschlecht, die königliche Priesterschaft, das heilige Volk, das Volk des Eigentums, dass ihr verkündigen sollt die Wohltaten dessen, der euch berufen hat von der Finsternis zu seinem wunderbaren Licht" (1. Petr 2,9). Die Heiligkeit, die der Kirche von Gott zugesprochen wird, ist nicht als Aufruf zu Überheblichkeit und Weltabgewandtheit zu verstehen, sondern ganz im Gegenteil als Aufruf zu einem erkennbar heiligen Leben in den Herausforderungen der Zeit. Dies schließt eine Bereitschaft ein, Andere anders sein zu lassen und zugunsten der Ausrichtung auf den Willen Gottes auf eigene Vorlieben und Ansprüche zu verzichten.
- *Allgemeine Kirche*: Das ursprünglich an dieser Stelle stehende Adjektiv *katholikos* bedeutet „was mit der Gesamtheit übereinstimmt". Damit ist die universale Reichweite der Kirche Jesu Christi betont: Als Teil der Wirklichkeit des Reiches Gottes bringt sie Menschen aus unterschiedlichen Völkern und Kulturen, Lebensumständen und Glaubensstilen zusammen (vgl. Apg 2,1-13). Der Kirche Jesu Christi muss es darum ge-

---

als Herausforderung. Emerging Churches und Fresh Expressions of Church im internationalen Kontext, 75-79, in: Haubeck, Wilfried / Heinrichs, Wolfgang (Hg.): *Gemeinde der Zukunft – Zukunft der Gemeinde*, Witten 2011, 39-80.

[14] Vgl. Shier-Jones, Angela: *Methodistisch sein. Theologie in kirchlichen Strukturen*; in: Michael Nausner 2010, 174-195 und im selben Band: Purushotam, Gwen: *Aufsicht als Gnadenmittel*, 90-111.

hen, inklusiv und nicht exklusiv zu wirken. Für ihre Teilhabe an der *missio Dei* in einer individualistisch-pluralistisch geprägten Zeit bedeutet dies, dass sich die Kirche – einschließlich ihrer Jugendarbeit – auf wachsende Vielfalt und Verschiedenheit einstellen muss. Das heißt: Traditionelle wie experimentelle Formen kirchlicher Arbeit sind gleichermaßen „ganz Kirche, aber keine ist die ganze Kirche, [...] vollwertig, aber nicht vollständig"[15].

- *Apostolische Kirche*[16]: Nach dem Neuen Testament sind Gemeinde und Kirche wesensmäßig durch den Sendungsauftrag Jesu Christi (Mt 28,18-20 u. ä.) geprägt. Im angelsächsischen Sprachgebrauch hat sich hierfür in jüngerer Zeit die Formulierung *the missional Church* durchgesetzt. Gemeint ist: Im Bemühen darum, dem Evangelium von Jesus Christus in Wort und Werk glaubhaft Ausdruck zu geben, müssen Kultur und Evangelium in jeder Generation und Kultur erneut miteinander in Beziehung gebracht werden: „Die Apostolizität ist die Verbindung zwischen der ursprünglichen Botschaft und Mission, mit der Jesus die ersten Apostel beauftragte, und den Herausforderungen der Kirche in der heutigen Zeit. Durch sie wird sozusagen die dynamische Kontinuität und geistliche Treue der Kirche in der Mission gewährleistet."[17] Das Kennzeichen der Apostolizität erinnert uns daran, dass die Teilhabe an der *missio Dei* konfessions- und denominationsübergreifend verstanden werden muss.[18]

Die Kirche soll *eine, heilige, allgemeine* und *apostolische* Kirche sein. Diese vier Dimensionen sind aufeinander bezogen, sie müssen unterschieden, dürfen aber nicht voneinander getrennt werden. Sie können uns helfen, unser Denken und Handeln im Raum der Kirche kritisch zu überprüfen und, wo nötig, neu auszurichten:

---

[15] https://www.landeskirche-hannovers.de/evlka-de/wir-fuer-sie/erleben/kirche-weltweit/kirche-oekumene; Zugriff am 25.8.2015.

[16] Griech. apostello = senden.

[17] Avis, Paul: *Church, State and Establishment*, London 2001, 2; in deutscher Übersetzung zitiert in: Herbst, Michael (Hg.): *Mission bringt Gemeinde in Form*, Neukirchen-Vluyn 2006, 183.

[18] Vgl. Westerheide, Rudolf: *Eins. Wie wir als Christen glaubwürdig werden*, Witten 2004; Evangelisches Missionswerk / Arbeitsgemeinschaft Christlicher Kirchen / missio (Hg.): *Aufbruch zu einer missionarischen Ökumene* (1999), *Missionarische Ökumene. Eine Zwischenbilanz* (2002) und: *Missionarische Ökumene. Im Kontext religiöser Orientierungssuche* (2007); *Evangelisch evangelisieren – Perspektiven für Kirchen in Europa. Herausgegeben im Auftrag des Rates der GEKE von Michael Bünker und Martin Friedrich*, Wien 2007.

Die Dimension der *Einheit* erinnert uns daran, dass wir allesamt von der gnädigen Zuwendung und Treue Gottes leben (Röm 15,7). Die Dimension der *Heiligkeit* verweist uns zum einen auf die Notwendigkeit des Gebets zu Gott; zum anderen bringt sie das Bestreben zum Ausdruck, als diejenigen, die zu Gott gehören, ein Leben in der Heiligung zu leben (Eph 1,4). Die Dimension der *Allgemeinheit* sensibilisiert unser Bewusstsein dafür, dass in einer postmodern geprägten Zeit und Welt vielfältige Ausdrucksformen von Kirche und Jugendarbeit notwendig sind, um „allen alles werden" (1. Kor 9,22) zu können. Keine aber kann und soll für sich allein bleiben. Als Teil der Gesamtheit der Kirche Jesu Christi soll die eine Gemeinde bzw. Kirche mit der anderen in Beziehung treten. Die Dimension der *Apostolizität* schließlich erinnert an das gemeinsame Woher und Wohin der unterschiedlichen Ausprägungen von Kirche: „Friede sei mit euch! Wie mich der Vater gesandt hat, so sende ich euch!" (Joh 20,21).

II. Die Beteiligungskirche – zwischen Ideal und Wirklichkeit

1. Die Beteiligungskirche in Theologie ...

Alle evangelischen Kirchen bekennen sich zur reformatorischen Lehre vom Priestertum aller Glaubenden. Die parochial geprägten Landeskirchen in Deutschland sind darum bemüht, ein möglichst weitreichendes, flächendeckendes kirchliches Angebot (Gottesdienste, Seelsorge, Diakonie, Jugendarbeit etc.) vorzuhalten, das man kirchentheoretisch als „Betreuungskirche" auffassen kann. Diesem Kirchenverständnis ist in jüngerer Zeit vermehrt das Stichwort „Beteiligungskirche" gegenübergestellt worden, das üblicherweise eher in den Freikirchen als in der Volkskirche zuhause ist.[19] In „Kirche der Freiheit" ist im fünften Leuchtfeuer davon die Rede, „das Priestertum aller Getauften und das freiwillige Engagement als Kraftquellen der evangelischen Kirche [zu] fördern."[20]

Das Leitwort „Beteiligungskirche" macht deutlich, dass die Kirche von der aktiven Mitwirkung all derer lebt, die sie als ihre geistliche Heimat wahrnehmen und sich mit ihren gottgegebenen Gaben einbringen, sei es in haupt- oder ehrenamtlicher Tätigkeit.[21] Hans-Martin Niethammer benennt

---

[19] Vgl. Hauschildt/ Pohl-Patalong 2013, 170-171; Härtner, Achim / Eschmann, Holger: *Aspekte und Perspektiven des Gemeindeaufbaus aus freikirchlicher Sicht*, in: Eschmann, Holger / Moltmann, Jürgen / Schuler, Ulrike (Hg.): *Freikirche – Landeskirche. Historische Alternative – gemeinsame Zukunft?*, Neukirchen-Vluyn 2008, 81-97, Zitat: 89.

[20] Rat der EKD 2006, 67.

[21] Johannes Zimmermann ruft in Erinnerung: „Das Ideal einer Beteiligungskirche wird dort unbarmherzig, wo es nicht darauf Rücksicht nimmt, dass es Menschen gibt, die zeitweise oder nicht mehr die Kraft haben, andere zu unterstützen, sondern selbst auf

in seiner Dissertation „Kirchenmitgliedschaft in der Freikirche" zwei wesentliche Aspekte einer Beteiligungskirche:

> „Mitarbeit [...] bedeutet erstens Partizipation: Sie ermöglicht Mitgestaltung und Mitbestimmung der kirchlichen Arbeit. Daneben hat sie auch den Sinn der Integration: Wer konkrete Aufgaben übernimmt, ist dadurch auch in gewisser Weise stärker den Zielen der Gemeinde verpflichtet."[22]

2. ... und in der Praxis[23]

Sowohl in der Evangelischen als auch in der Evangelisch-methodistischen Kirche können im Prinzip alle Kirchenglieder – Ordinierte wie Laien – auf das gemeindliche und gesamtkirchliche Leben Einfluss nehmen (z.b. Synodal- bzw. Konferenz-Struktur). In jüngerer Zeit lässt sich in den offiziellen Dokumenten unserer beiden Kirchen eine Aufwertung der Ehrenamtlichen gegenüber den Hauptamtlichen aufzeigen. Um nur ein Beispiel zu nennen, nochmals Leuchtfeuer 5: „Der ehrenamtliche und nicht hauptamtliche Dienst erfährt – auch in der Beteiligung am Verkündigungsauftrag der Kirche – eine klare Würdigung."[24]

Was die Realisierung der Beteiligungskirche betrifft, lassen sich weithin zwei gegenläufige Tendenzen wahrnehmen: Die Aufwertung des Ehrenamtes in der kirchlichen Theorie trifft in der Praxis häufig auf die Schwierigkeit, die Ämter personell zu besetzen. Somit wird nicht selten die Beteiligungskirche propagiert, in der Praxis – mangels Masse – die Pfarrer- oder Jugendreferentenkirche realisiert. Die Gründe hierfür sind vielschichtig. Sie müssen m.E. im Horizont gesellschaftlicher Trends wahrgenommen werden; vier davon möchte ich skizzieren:

a) Die *Individualisierung* bestimmt zunehmend unser Leben und Zusammenleben – auch in der Kirche. Die Menschen entscheiden eigenständig, wann, wo und wie lange sie ein Angebot wahrnehmen oder sich aktiv einbringen.

b) Die damit verbundene *Pluralisierung* der Lebensmuster und Lebenswelten macht es zunehmend schwieriger, sich in Kirche und Jugendarbeit auf eine gemeinsame Identität und ein missionarisches Profil zu verständigen.

Unterstützung angewiesen sind." Zimmermann, Johannes: *Auf dem Weg zur Gemeinde der Zukunft. Gemeindeaufbau vor neuen Herausforderungen*, in: ThBeitr 36 (2005), 30–43, 41. Michael Herbst betont, dass auch „die gerade nicht Aktiven, die aus verschiedenen Gründen eben nicht an der Beteiligungskirche Anteil haben, [...] gleichwohl die Würde des Allgemeinen Priestertums haben." Herbst, Michael: *Kirche mit Mission. Beiträge zu Fragen des Gemeindeaufbaus*, BEG 20, Neukirchen-Vluyn 2013, 60.

[22] Niethammer, Hans-Martin: *Kirchenmitgliedschaft in der Freikirche. Kirchensoziologische Studie aufgrund einer Befragung unter Methodisten*, Göttingen 1995, 239.

[23] Zum Folgenden vgl. Eschmann, Holger: *Gemeinsam geht es besser. Gedanken zur Zusammenarbeit von Ordinierten und Laien in der Evangelisch-methodistischen Kirche*, in: Theologie für die Praxis 28 (2002), 127-144.

[24] Rat der EKD 2006, (Anm. 2/152), 67.

c) Arbeit, Lebenspartner und religiöse Beheimatung sind für viele keine dauer-
haften Lebensfaktoren mehr, sondern unterliegen einem ständigen Wandel.
Damit kommt es zu einer fortwährenden Beschleunigung des Lebenstem-
pos, oftmals verbunden mit Ortswechseln, mit Abschied und Neubeginn.[25]
Folglich kommt es – im besten Falle – zur Beteiligungskirche auf Zeit.

d) Die vorrangige Ökonomisierung des beruflichen und gesellschaftlichen
Lebens führt häufig zu einer Grundhaltung der doppelten Buchführung
unter dem „Leitmotiv Gewinn/Verlust für mich". Auch in Bezug auf eine
Beteiligungskirche wird gefragt: „Was bringt es mir?"

Allen Unkenrufen zum Trotz, die eine Abkühlung der sozialen Temperatur
in unserer Gesellschaft diagnostizieren wollen, ist die Bereitschaft zu ehren-
amtlichem Engagement, besonders in Sportvereinen und Kirchen, durchaus
gegeben.[26]

III. Perspektiven Beteiligungskirche der Zukunft – Thesen

1. Die Aufgabe der Leitungspersonen in der Beteiligungskirche der Zukunft: Die Glaubenden zum Dienst bereitmachen (Eph 4,12)

Da wir bei diesem Konvent als Hauptamtliche zusammen sind, möchte ich
den Blick auch auf unser Verständnis von Kirchen- und Gemeindeleitung
lenken und dabei auf ein Bibelwort hören. In Eph 4, 11-13 steht:

„ ... Er hat die einen zu Aposteln gemacht, andere zu Propheten, andere
zu Evangelisten, wieder andere zu Hirten und Lehrern der Gemeinde. Deren
Aufgabe ist es, die Glaubenden zum Dienst bereitzumachen, damit die Gemeinde, der Leib von Christus, aufgebaut wird. So soll es dahin kommen,
dass wir alle die einende Kraft des einen Glaubens und der einen Erkenntnis
des Sohnes Gottes an uns zur Wirkung kommen lassen und darin eins werden – dass wir alle zusammen den vollkommenen Menschen bilden, der
Christus ist, und hineinwachsen in die ganze Fülle, die Christus in sich
umfasst." (GNB)

Das griechische Verb *katarizein* steht in V.12 für „aufrichten, stärken,
vollkommen machen"; die Aufgabe des „Zurüstens" (LÜ) wird im Text den
drei genannten Ämtern *Evangelist, Hirte und Lehrer* zugeordnet. Ihre Aufgabe sollen sie als *diakonia* (Dienst) verstehen, nicht als Herrschaftsaus-

---

[25] Vgl. Rosa, Hartmut: *Beschleunigung und Entfremdung. Entwurf einer kritischen
Theorie spätmoderner Zeitlichkeit*, Frankfurt/M. 2013.
[26] Vgl. Bertelsmann-Stiftung (Hg.): *Hauptbericht des Freiwilligensurveys 2009*, München 2010.

übung.[27] Hätte der Epheserbrief bereits Jugendreferenten der Evangelischen Kirche im Auge gehabt, würde er vermutlich auch von einer lebendigen geistlichen Existenz sprechen, die auf Jugendliche ansteckend wirken kann und sie zum Mitglauben und Mittun ermutigt. Und von einer inneren Nähe zu ihnen, einem Gespür dafür, was sie umtreibt, für ihre Sehnsüchte, ihre Begabungen, ihr Potenzial, ihre Grenzen ...

Manchmal hilft der Blick von außen, die eigenen Anliegen klarer zu sehen. Beim *Global Leaderhip Summit* in Willow Creek/Chicago (2013) stellte die Management-Wissenschaftlerin Liz Wiseman ihr Buch „Multipliers" vor.[28] Darin bündelt sie die Forschungsergebnisse einer internationalen Studie zum Leitungsverhalten von Schlüsselpersonen erfolgreicher Weltunternehmen. Sie arbeitet zwei Archetypen heraus, die fast alles gleich machen, sich aber doch an ein paar Stellen deutlich voneinander unterscheiden. Wiseman stellt „Verminderer" (*diminishers*) und „Multiplikatoren" (*multipliers*) einander gegenüber. Was machen *Verminderer* und *Multiplikatoren* unterschiedlich?[29]

Verminderer		Multiplikator	
Architekt eines Imperiums	Hortet Ressourcen und nutzt das Potenzial anderer zu wenig	Talentmagnet	Zieht talentierte Menschen an und eröffnet ihnen die Stelle, an der sie am meisten einbringen können
Tyrann	Schafft eine angespannte Atmosphäre, die das Denken und die Fähigkeiten anderer unterdrückt	Befreier	Schafft eine inhaltlich dichte Atmosphäre, die bei anderen höchste Konzentration und beste Arbeitsweise abruft
Ich-weiß-alles	Gibt Anordnungen, die deutlich machen, wie viel er weiß	Heraus-forderer	Schafft Gelegenheiten, die Menschen dazu bringen, über sich hinauszuwachsen
Entscheider	Trifft zentralisierte, abrupte Entscheidungen, die die Organisation verwirren	Debattierer	Erreicht begründete Entscheidungen durch in der Sache hart geführte Debatten
Manager der kleinen Dinge	Strebt Ergebnisse durch seine persönliche Beteiligung an	Investor	Gibt anderen Eigenverantwortung für ihre Arbeitsergebnisse und investiert in ihren Erfolg

---

[27] Schnackenburg, Rudolf: *Der Brief an die Epheser*, EKK X, Zürich u.a. 1982, 187.
[28] Wiseman, Liz: *Multipliers. How the Best Leaders Make Everyone Smarter*, New York 2010. Trailer zum Buch als Videoclip: http://thewisemangroup.com/videos/book-trailers/, Zugriff 25.8.2015.
[29] Übersetzung: Manuel Stemmler / Achim Härtner.

Hinter den beiden Leitertypen stehen entsprechende Denkmuster:

Wie würden Sie...	Logik: Verminderer „Sie werden das nie ohne mich hinkriegen."	Logik: Multiplikator „Sie sind schlau und werden es hinkriegen."
mit den Talenten anderer umgehen?	benutzen	entwickeln
mit Fehlern umgehen?	Schuld zuweisen	Chancen erkunden
die Richtung vorgeben?	anweisen / zuweisen	herausfordern
Entscheidungen treffen?	entscheiden	gemeinsam beraten
Dinge erledigt kriegen?	steuern	unterstützen

Was Liz Wiseman hier vorstellt, lässt sich m. E. gut mit Eph 4,12 verbinden: Wer in der Kirche ein Leitungsamt innehat, soll dies im Sinne eines Multiplikators ausüben, damit die Gaben der Menschen in Gemeinde und kirchlicher Jugendarbeit sich entfalten können und dem Aufbau der Kirche dienen.

2. Die Beteiligungskirche der Zukunft braucht die Erinnerung an die verschwenderische Fülle Gottes, der sie sich verdankt

Der Theologe Christoph Schwöbel erinnert daran, dass Veränderungen der Kirche nicht bei den Veränderungen der Gesellschaft anzusetzen haben, sondern bei der theologischen Selbstvergewisserung: Kirche ist und bleibt Kirche Jesu Christi! In einem Punkt erscheint mir seine Erinnerung an die Zukunft besonders wichtig, und zwar dort, wo es um unsere Sprach-Logik geht, in der wir von der Zukunft der Kirche sprechen:

„Das Nachdenken über die Veränderungen in der Kirche muss nicht von der Logik des Mangels ausgehen. Nicht was der Kirche fehlt, veranlasst sie zum Wandel, sondern das, was die Kirche ist, weil sie eine begabte Gemeinschaft ist, reich beschenkt mit Gaben, die die Potentiale ihrer Veränderung sind. Veränderung in der Kirche folgt der Logik der Fülle, der Fülle der Gaben, an denen die Kirche Anteil hat, weil sie Kirche Jesu Christi ist (Kol 2,9). ... Die Kirche ist als Leib Christi und Gemeinschaft des Heiligen Geistes das wandernde Gottesvolk auf dem Weg zu Gott dem Vater. Jeder einzelne Christ, jede einzelne Christin und jede kirchliche Gemeinschaft hat ihre Heimat in dieser Bewegung."[30]

---

[30] Thesenblatt zum Vortrag „Wie sich die Kirche ändern soll? – Wie sich die Kirche ändern kann und darf!", Reutlingen 2013, unveröffentlicht, 2.

In den USA werden in den großen Wirtschaftsunternehmen die Schlüsselpositionen so bezeichnet: Die für die strategische Unternehmensführung zuständige Leitungsperson wird CEO genannt (*Chief Executive Officer*), das operative Geschäft führt ein(e) COO (*Chief Operation Officer*). Der Unternehmerberater *Patrick Lencioni* benannte beim genannten Global Leadership Summit die entscheidende Leitungsaufgabe als CRO (*Chief Reminding Officer*, „Haupt-Erinnerer"). Vielleicht beschreibt dies auch die Aufgabe der Leitungspersonen in einer Beteiligungskirche: An die *Logik der Fülle des schenkenden Gottes* haben sie Gemeinde und Kirche immer wieder zu erinnern, damit der Blick nicht ständig auf den Mangel und die vorfindlichen Probleme behaftet bleibt. Unsere Rolle ist, im kirchlichen Dienst immer wieder die Bedeutung des Gebets und des Hörens auf Gott bewusst zu machen – und diese auch selbst zu leben.

3. Die Beteiligungskirche der Zukunft braucht eine Kultur der Wertschätzung und Ermutigung

Patrick Lencioni stellte in Chicago sein Buch „The Three Signs of a Miserable Job" vor:[31]

„Anonymität

Menschen finden keine Erfüllung in ihrer Arbeit, wenn sie nicht bekannt sind. Jeder Mensch will verstanden und für seine einzigartigen Eigenschaften von einer Person in einer Autoritätsposition wertgeschätzt werden. Menschen, die sich selbst als unsichtbar, gewöhnlich oder anonym sehen, können ihre Arbeit nicht lieben – unabhängig davon, was sie tun.

Irrelevanz

Jeder muss wissen, dass seine Arbeit Bedeutung hat – für jemand. Irgendjemand. Ohne eine Verbindung zwischen der [eigenen] Arbeit und der Zufriedenheit einer anderen Person oder einer Gruppe zu sehen, wird ein Mitarbeiter einfach keine dauerhafte Erfüllung finden. Selbst die zynischsten Mitarbeiter müssen wissen, dass ihre Arbeit für jemanden Bedeutung hat, selbst wenn es nur der Chef ist.

Nichtmessbarkeit

Mitarbeiter müssen in der Lage sein, den Fortschritt und die Qualität ihres Beitrags eigenständig zu beurteilen. Sie können in ihrer Arbeit nicht erfüllt sein, wenn ihr Erfolg von den Meinungen oder Launen einer anderen Person

---

[31] Lencioni, Patrick: *Three Signs of a Miserable Job. A Fable For Managers (and Their Employees)*, San Francisco 2007; dt.: *Die drei Symptome eines miserablen Jobs. Eine Fabel für Manager (und ihre Mitarbeiter)*, Weinheim 2008.

abhängt, egal, wie wohlwollend diese Person sein mag. Ohne die konkrete Möglichkeit, Erfolg oder Versagen beurteilen zu können, wird die Motivation schließlich nachlassen, weil die Menschen sich selbst als unfähig ansehen, das eigene Schicksal zu steuern."[32]

Was Lencioni hier für Unternehmensführung beschreibt, dürfte im übertragenen Sinne auch für die Beteiligungskirche und ihre Jugendarbeit gelten. Besonders junge Menschen wollen persönlich wahrgenommen werden, spüren, dass ihr Beitrag für das Gelingen des größeren Ganzen von Bedeutung ist, und in der Lage sein zu spüren, wo sie stehen und wie ihre persönliche Entwicklung verläuft. In eine ähnliche Richtung gehen die Überlegungen von Martin Hoffmann und Hans-Ulrich Pschierer in ihrem Buch „Reich Gottes im Werden". Sie nennen fünf „B's" für den Umgang mit Ehrenamtlichen in der Kirche, die sich auch in der Jugendarbeit umsetzen lassen:[33]

– *Beginnen*: Am Beginn eines Ehrenamtes sollte eine sorgfältige Klärung stehen: Was sind die Erwartungen, Aufgaben, Motivationen beider Seiten?
– *Begleiten*: Ein Ehrenamt sollte beständig und sorgfältig begleitet werden. Hierzu gehören Schulung, Vorbereitung, Planung, Auswertung etc.
– *Beteiligen*: Ehrenamtliche Mitarbeiter sollten in die Entscheidungsstruktur der Gemeinde eingebunden sein. Sie sind nicht nur ausführendes, sondern auch gestaltendes Organ.
– *Bezahlen*: Hierbei geht es um die Erstattung von Auslagen, die Verfügung über ein Budget, in dessen Rahmen die Mitarbeiter sich bewegen können, und die Bezahlung von Fortbildungen.
– *Beenden*: Ein Ehrenamt sollte in einer Kultur der Wertschätzung und Dankbarkeit für die getane Arbeit beendet werden.

4. Die Beteiligungskirche der Zukunft weiß um ihre Identität und ihren Auftrag

„Wenn du ein Schiff bauen willst, dann trommle nicht Männer zusammen, um Holz zu beschaffen, Aufgaben zu vergeben und die Arbeit zu verteilen, sondern lehre sie die Sehnsucht nach dem weiten endlosen Meer." (Antoine de Saint-Exupéry)

Wie wichtig das Wissen um Identität und Auftrag für die Gemeindeentwicklung ist, möchte ich am Beispiel einer Gemeindegründung (*Fresh X*, EmK Metzingen) deutlich machen, die ich seit ihren Anfängen begleite.[34]

---

[32] Das Zitat stammt aus dem Teilnehmer-Handbuch des Global Leadership Summits 2013, Übersetzung: Manuel Stemmler / Achim Härtner.
[33] Hoffmann, Martin / Pschierer, Hans-Ulrich: *Reich Gottes im Werden. Modell einer auftragsorientierten Gemeindeentwicklung*, Leipzig 2009.
[34] Websites: www.h3metzingen.de sowie http://www.emk-metzingen.de. Videoclips: http://www.youtube.com/watch?v=7qqOuoXO-lM und http://www.ejw-buch.de/shop/

Pastor Bernd Schwenkschuster wird nicht müde zu sagen, um was es ihm und seinem Team ging, längst bevor etwas davon in der Öffentlichkeit sichtbar wurde: „Wir wollen Gemeindearbeit vernetzend, innovativ und lebensrelevant gestalten."[35] Mit der Idee der Kletterhalle und der dahinter stehenden geistlichen Motivation ist es gelungen, dass 11 (!) Gemeindeglieder und 40 weitere Ehrenamtliche über 4.000 Arbeitsstunden eingebracht haben, um das Projekt zu realisieren. Ich habe einige von diesen Ehrenamtlichen kennengelernt und weiß, dass die Stichworte Identität und Auftrag entscheidend für sie waren, dabeizubleiben, auch über den Tag der Eröffnung hinaus. Nun werden wir nicht alle unsere Kirchen in Kletterhallen umbauen wollen und können. Aber Menschen miteinander vernetzen, Glauben lebensrelevant und innovativ gestalten, das hört sich für mich wie eine Vision an, die zu teilen sich lohnt.

Diesen Punkt können wir für die Motivation zur nachhaltigen Beteiligung nicht hoch genug veranschlagen: Wenn die Menschen wissen, woran sie mitarbeiten (es geht um nichts Geringeres als den Aufbau des Reiches Gottes!), welche Vision, welches Ziel sie motiviert, werden sie sich eher beteiligen wollen, als wenn es nur darum geht, entstandene Lücken zu füllen und anderen „Machern" zuzuarbeiten. Also: Wozu sollten Menschen in unseren Gemeinden mitarbeiten wollen? Was ist von Gott her unsere Vision, sein Ziel mit uns, auf das hin wir die Kräfte bündeln und noch viele mit hineinnehmen wollen?

5. Eine Beteiligungskirche der Zukunft lebt von Vertrauen und Kommunikation

In einer Beteiligungskirche sind Haupt- und Ehrenamtliche aufeinander angewiesen, damit es zu einer nach vorn weisenden Dynamik und nicht zum Stillstand kommt. Ich bin der Auffassung, dass die Aufteilung von Kompetenzen und Machtbefugnissen zwischen Haupt- und Ehrenamtlichen kein „Nullsummenspiel" ist, in dem ein Zuwachs auf der einen eine Einbuße auf der anderen Seite bedingt. Es geht darum, sich gegenseitig zu motivieren und zu fördern. Damit dies geschehen kann, sind zwei Dinge von entscheidender Bedeutung: Kommunikation und Vertrauen. Ohne Kommunikation „weiß die Rechte nicht, was die Linke tut", ohne gegenseitiges Vertrauen gehen Glaubwürdigkeit und Elan rasch verloren. Auch hier braucht es eine/n *Chief Reminding Officer*, der/die diese Werte in Erinnerung hält! Als ich im Oktober 2013 zusammen mit EJW-Landesjugendreferent Reinhold Krebs zur Unterzeichnung des Partnerschafts-Abkommen zwischen *fresh expressions* in Großbritannien und Deutschland in London war, besuchten wir u.a. einen Gottesdienst in der anglikanischen Gemeinde Holy Trinity Brompton (be-

---

h3-metzingen-fresh-x-clip-download.html. Zugriff: 22.8.2015.
[35] Bericht im Reutlinger Generalanzeiger, 17.10.2013, 21.

kannt durch den *Alpha-Kurs*). In seiner eindringlichen Predigt sprach Pastor Nicky Gumbel von seiner Gemeinde als einer „culture of love", einer Gemeinschaft der Liebe, in der Vertrauen und gegenseitige Achtung tragende Werte seien: „Wir versuchen hier, eine Kultur der Liebe aufzubauen, wir reden nicht schlecht übereinander, sind nicht nachtragend, wollen einander vergeben, wo das nötig ist ...". Wäre das nicht etwas für die kirchliche Jugendarbeit? Wenn ja: Auch hier braucht es den/die *Chief Reminding Officer*!

6. Die Beteiligungskirche der Zukunft bleibt nicht für sich allein: Beteiligung als Gnadenmittel

Im Hinblick darauf, wie Menschen heute zum Glauben kommen und in die Gemeindearbeit hineinfinden, hat sich ein grundlegender Wandel vollzogen.[36] Verlief der Weg herkömmlicherweise von der „Welt" über das Christwerden hin zur Mitarbeit, kommen heute viele, die „von außen" in unsere Kirchengemeinden finden, zuerst in die Mitarbeit und erst dann zum Glauben. Wesleyanisch könnten wir daher Beteiligung als *means of grace* (Gnadenmittel[37]) ansehen: Gott gebraucht den Weg in die Beteiligung als Weg hin zum Glauben und in die Kirche hinein! Auch hier ein aktuelles Beispiel: In einer Gemeinde im Reutlinger Raum gelingt es, ca. 50% der Jugendlichen eines Konfi-Jahrgangs verbindlich in die Gemeindemitarbeit einzubinden, als Chorleiter (!), in der Bezirkssynode (BK), beim Gemeindebrief-Layouten, im Putzdienst und an weiteren Stellen mehr. Auschlaggebend für diese erfreuliche Entwicklung sind nach Auskunft des Gemeindepastors eine lebendige Jugendarbeit vor Ort und das deutlich spürbare Zutrauen in die jungen Leute: Ihr werdet das gut machen, wir trauen euch das zu!

Wenn wir von Beteiligung als Gnadenmittel sprechen, kommt ein weiterer Aspekt in den Blick: *Wen* wollen wir eigentlich beteiligen? Sind nur die „Jungen, Reichen und Schönen" gemeint? Oder achten wir bewusst auf „*Verbuntung*" (Paul Zulehner) unserer kirchlichen Arbeit? In den Sozialen Grundsätzen der EmK heißt es:

„Wir bekräftigen die Verantwortung der Kirche und der Gesellschaft, Kindern, Jugendlichen und Erwachsenen mit Störungen oder Behinderungen zu dienen. Deren Beteiligung am Leben von Kirche und Gesellschaft oder die ihrer Familien ist eine große Herausforderung, weil sie bei Mobilität, Kommunikation, intellektuellen Fähigkeiten oder persönlichen Beziehungen eingeschränkt sind. Wir drängen die Kirche und die Gesellschaft, die Gaben

---

[36] Vgl. Zimmermann, Johannes / Schröder, Anna-Konstanze: *Wie finden Erwachsene zum Glauben?*, Neukirchen-Vluyn 2010.

[37] Zu den Gnadenmitteln zählte Wesley seinerzeit: den Gottesdienst, das Hören von Gottes Wort, sei es gelesen oder ausgelegt, das Abendmahl, das Beten mit der Familie und im Verborgenen, das Forschen in der Schrift, Fasten und Enthaltsamkeit.

von Menschen mit Behinderungen zu erkennen und anzunehmen, um ihnen eine vollständige Teilnahme am Leben der Glaubensgemeinschaft zu ermöglichen."[38]

In eine unserer Gemeinden am Bodensee kam im Herbst letzten Jahres ein Mann in den mittleren Jahren. Er hat von Kind an eine schwere spastische Lähmung und kann nur auf Krücken oder mit dem Rollator gehen. Er war vor eineinhalb Jahren plötzlich arbeitslos geworden, nach 15 Jahren wurde ihm unerwartet „krankheitsbedingt" gekündigt. Dies führte zu einer Persönlichkeitskrise. Dem seelsorglichen Geschick des Gemeindepastors ist es zu danken, dass dieser Mann recht bald eine Aufgabe im Technikteam der Gemeinde bekam. Anfangs war es mühsam, dann ging es immer besser, und er ist zusammen mit seiner Frau fest in die Gemeinde eingebunden. Inzwischen hat er sich als Kirchenglied aufnehmen lassen. Im Gottesdienst gab er Zeugnis davon, wie viel ihm die Beteiligung im Gemeindeleben geholfen hat in der demütigenden Zeit der Arbeitslosigkeit. Sie hat ihm neue Würde und Kraft gegeben. Und, kaum zu glauben: Er hat inzwischen eine unbefristete Anstellung bei einem Spielwarenhersteller in der Bodenseeregion.

Als Herausforderung formuliere ich: Eine Beteiligungskirche mit ihrer Jugendarbeit bleibt nicht bei sich selbst, sie sieht Beteiligung bewusst als Gnadenmittel des Wirkens Gottes an. Sie versucht auch diejenigen Menschen in die Arbeit am Reich Gottes einzubinden, die in einer Leistungsgesellschaft nur wenig Anerkennung finden mögen.

7. Die Beteiligungskirche der Zukunft zielt auf die Ausbreitung der Freude an Gott

Im Alten wie im Neuen Testament ist die Freude an Gott ein, wenn nicht das Kennzeichen der Gemeinde. Den aus dem Exil nach Jerusalem Zurückgekehrten ruft der Prophet Nehemia eindringlich zu: „Seid nicht bekümmert, denn die Freude am Herrn ist eure Stärke!" (Neh 8,10) Am Beginn der Apostelgeschichte lesen wir, dass die Jerusalemer Urgemeinde täglich beisammen war, die Mahlzeiten „mit Freude und lauterem Herzen hielt", „Gott lobte" und „Wohlwollen beim ganzen Volk" fand (Apg 2,46–47). In der vorausgehenden Pfingstgeschichte steht, dass es Menschen unterschiedlichster Herkunft und Prägung waren, „Parther und Meder und Elamiter …" – Migrantinnen und Migranten –, die nun gemeinsam ihre Freude an Gott teilten (Apg 2,1–13). Der Geist Gottes war es, der die Verschiedenen verschieden sein ließ und sie doch einte. Die Freude an Gott und die Annahme des bzw. der Anderen gehörten untrennbar zusammen, beides prägte die

---

[38] Art. 162, *Die soziale Gemeinschaft*, in: *Verfassung, Lehre und Ordnung der EmK in Deutschland*, Ausgabe 2012, 97.

Gottesdienste und das missionarische Wirken der urchristlichen „Beteiligungskirche" von Grund auf.

Auch wenn die lukanische Darstellung der urchristlichen Situation als idealisiert gelten darf, müssen wir uns heute fragen: Wie sieht im Vergleich dazu die allgemeine Gemütslage in unseren Jugendgruppen und -verbänden, unseren Ortsgemeinden und kirchlichen Gremien aus? Oftmals ist wenig von der Freude, Einigkeit und Widerstandskraft der Urkirche zu spüren!

Dabei liegt gerade in der Freude an Gott die entscheidende theologische Begründung einer Freiheit zur Bruchstückhaftigkeit, zur Veränderung, zur kleinen Jugendgruppe, zur Beendigung eines Arbeitszweiges, zu neuen Ausdrucks- und Lebensformen des Unterwegsseins mit Gott in der Beteiligung möglichst vieler. Der Freude an Gott auf der Spur zu bleiben in unserem Beten und Hören, Tun und Lassen, uns von daher neu anstecken und motivieren zu lassen – darum geht es wesentlich, wenn „Menschen in die Nachfolge Jesu Christi gerufen werden sollen, damit so die Welt verändert wird", wie das *mission statement* der weltweiten Evangelisch-methodistischen Kirche (United Methodist Church) es formuliert.[39] Die Beteiligungskirche der Zukunft mit ihrer Jugendarbeit zielt letztlich darauf, die Freude an Gott in der Welt zu mehren, bis Gott selbst seine Verheißung einer vollkommenen Freude erfüllen wird (Joh 15,11).[40]

---

[39] Im Original: „The mission of the Church is to make disciples of Jesus Christ for the transformation of the world. Local churches provide the most significant arena through which disciple-making occurs." The United Methodist Church, Book of Discipline – 2008, Nashville 2008, 87.

[40] Härtner, Achim: *Missionarisch Gemeinde sein. An Gottes Mission teilhaben mit unterschiedlichen Gemeindeformen*, in: Haubeck / Heinrichs 2011, 81-104.

CHRISTIAN HENNECKE: KIRCHENENTWICKLUNG IM PROZESS – EIN KATHOLISCHER EINBLICK

Kirche entwickelt sich immer lokal. Das ist klar. Das Evangelium wird ja je neu verkündet in einem spezifischen Kontext, in eine je andere Kultur – und genau dies prägt dann auch die Gestalt, die es annimmt. Kirche ist kein statisches Monument, sondern befindet sich immer im Status des Werdens: Ekklesiogenesis.

Das ist also nichts Neues. Und doch ist es jedes Mal ein dramatischer Prozess, ein krisenhaftes Geschehen, weil auch eine gewohnte Gestalt vergeht, und ein Umbruch, in denen das Evangelium, seine Werte und Grundhaltungen, neu zu entdecken, neu zu buchstabieren sind – und in dem ein Raum zu schaffen ist, der Fruchtbarkeit des Evangeliums Platz zu schaffen. Auch dieses Ekklesiodrama ist nichts Ungewöhnliches, weil das Geheimnis von Tod und Auferstehung zutiefst eingeschrieben ist in den Rhythmus des Weges, den das Volk Gottes zu gehen berufen ist.

Dennoch ist es immer schmerzhaft. Mitten in diesem Umbruchsdrama befindet sich die Kirche im deutschsprachigen Raum seit geraumer Zeit. Spätestens seit dem Zweiten Weltkrieg[1], fühlbar aber seit dem Ende der 50er Jahre geht eine Gesamtkonstellation ihrem Ende entgegen, die je nach Perspektive verschieden beschrieben werden kann: Mit Volkskirche oder Milieukirche meint man eine bestimmte, selbstverständliche und alternativlose Eingebundenheit des Christseins in Beziehungsgeflechte der Familie und der Gesellschaft, die es so scheinen ließen, als wäre Christsein das selbstverständliche Erbe, das man „nur" weitergeben müsse – und dieses Paradigma ist verbunden mit einem Verständnis von Kirche, das eher institutionell-hierarchisch gefasst ist: von oben nach unten, mit einem deutlichen Beteiligungsgefälle – und mit der Anmutung, dass Kirche eigentlich Institution, Organisation, machtvolle Hierarchie ist, zu der sich dann Christen verhalten sollten (als Kirchenbesucher, als Servicenehmer, als Engagierte oder „Fernstehende" und „Ausgetretene").

Und so sehr diese epochale Grundgestalt uns weiterhin prägt, und so sehr versucht wird, dieses Versorgungssystem mit aller Macht, einem in der Geschichte unerhörten Professionalisierungsschub und (bislang vielem) Geld aufrecht zu halten, so sehr wird deutlich, dass uns das nicht gelingen wird – und dass wir herausgefordert sind, Kirche neu zu erfahren, zu leben und zu verstehen.

---

[1] Vgl. dazu Großbölting, Thomas: *Der verlorene Himmel*, Göttingen 2013.

Katholischer werden

Das II. Vatikanum stellt eine prophetische Ansage für diesen damals nur anfanghaft wahrgenommenen Umbruch. Das Verständnis von Kirche wird neu konfiguriert. Im Ausgang der Liturgiekonstitution *Sacrosanctum Concilium* beschreibt sich Kirche selbst als Vollzug, als Prozess, als Weg der gnadenhaften Gemeinschaft des Volkes Gottes, das mitten in dieser Welt lebt und die Sendung Christi weiterführt. So einfach und klar dies formuliert ist, die Konsequenzen in der Neubewertung sind immens: die Neubewertung der Taufwürde und der Teilhabe jedes Getauften am priesterlichen, königlichen und prophetischen Amt Christi verändern tiefgehend den Zugang zu einem Kirchenverständnis, das sich über Jahrhunderte – spätestens seit dem Mittelalter – als normativ und alternativlos eingeprägt hatte. Und vor allem: Wenn dieses Volk auf dem Weg zu seinem Ziel ist, dann ist jede gewachsene Gestalt grundlegend überholbar.

So wurde auch der Weg eröffnet für einen tiefgreifenden Transformationsprozess. Er ermöglichte eine neue Inkulturation und das Werden der Ortskirche, und mithin eine lokale Entwicklung der Kirche in Afrika, Asien und anderswo. Im Umfeld des II. Vatikanums entsteht so in Lateinamerika die Kirchenerfahrung der Basisgemeinden, die auf dem Hintergrund einer Volk-Gottes-Theologie die (Mega-) Pfarreien als Communio lokaler Gemeinschaften sieht. Eine neue Spiritualität der Schrift, die Bildung im Blick auf lokale Verantwortlichkeit und Dienste sind Schwerpunkte einer Pastoral, die die konkrete Sendung der Gemeinschaft der Gläubigen vor Ort und die aus der Taufe wachsende Selbstverantwortung der Christen in den Blick nimmt. Eine Umkehrbewegung, die mit vielen Höhen und Tiefen bis heute der Weg der Kirche in Lateinamerika ist. In Ostafrika, im Kongo und später in Südafrika entstehen zur selben Zeit lokale Gemeinden, die aus der Kraft des Evangeliums die Sendung der Kirche wahrnehmen können. Es geht um eine neue Ekklesiogenesis aus der DNA des II. Vatikanums: im Begriff der „small christian communities" als der Gemeinden vor Ort, die innerhalb einer Pfarrei selbstverständlich eigenständig Dienste und Aufgaben vollziehen und aus einer existenziellen Bibelkenntnis schöpfen, verdichtet sich wie in einer Nussschale das Ganze eines ekklesialen Paradigmenwechsels:

„Die Kirche wird eine Gemeinschaft von Gemeinschaften sein, wo Klerus, Laien und Ordensleute einander als Brüder und Schwestern anerkennen. Sie sind gemeinsam versammelt und vereinigt um das Wort Gottes. Dabei teilen sie miteinander die frohe Botschaft und entdecken Gottes Wille für sich in ihrem unmittelbaren Lebensumfeld. Sie unterstützen sich gegenseitig in ihrem täglichen Leben. Es ist eine partizipative Kirche, wo die Gaben und Charismen erkannt und aktiviert werden, um den Leib Christi aufzubauen, die Kirche in der Nachbarschaft."[2]

Natürlich inkulturierte sich auch die deutsche Kirche. Dennoch wirkt die Erneuerung nur halbherzig: der Weg von der Milieukirche zur volkskirchlichen Gemeindekirche war letztlich ein Versuch, Volkskirche zu inszenieren, wo sie nicht mehr vorhanden war – und so zu bewahren, was doch ein gelungenes Modell gewesen war.

Weltkirchliches Lernen war in dieser Phase starken Selbstbewusstseins keine Stärke der deutschen Kirche – weltkirchliches Engagement hingegen schon. Gerade die vielen Missionare, später aber auch die Hilfswerke, machten auf diese Weise auch die Erfahrung dieser Neuaufbrüche in der „Welt". In der Tat gab es auch seit den 70er Jahren eine Rezeption weltkirchlicher Erfahrungen: Doch kirchliche Basisgemeinden sind eben keine alternativen Basisgruppen der Kirche – und auch das Bibelteilen ist nicht für spirituelle Vertiefungsgruppen entstanden, wie auch Small Christian Communities nur dem Namen gemeinsam haben mit „Kleinen Christlichen Gemeinschaften", die in Deutschland als spirituelle Intensivgruppen verstanden wurden.

Eine lokale Geschichte der Lokalen Kirchenentwicklung

Seit etwa 15 Jahren hat sich das Bistum Hildesheim auf den Weg gemacht, etwas systematischer diesen Ansatz zu erfassen. Es war Bischof Josef Homeyer gewesen, der schon in den 80er Jahren intuitiv die Veränderungsdimensionen dieses Ansatzes erkannte und nachdrücklich einbrachte in den diözesanen Diskurs, wie auch in die damalige Diözesansynode.[3] Allerdings galt auch hier: So sehr prophetisch der Umgang mit der Schrift und die Bildung kleiner Gemeinschaften verkündet wurde, so ratlos war man in der Frage, wie es wohl gehen könnte, einen neuen Weg, Kirche zu sein, einzuschlagen. Die Rede von mangelnder Spiritualität und neuen Gruppenformen kränkte zutiefst, und so „verbrannte" das Thema, und auch die Praxis: Niemand wollte „neue Gemeinden", ja nicht einmal „neue Gruppen".

Entscheidend waren für diesen Prozess weltkirchliche Erfahrungen und Lernreisen. Auf einmal wurde deutlich, dass die bisherige Rezeption von guten Ideen nach dem Prinzip der Schnittblumen funktioniert hatte: Wir hatten nur schöne Blüten gepflückt, die dann zu Hause verdorrten; wir hatten „pastorale Südfrüchte" importiert, und einfach übersehen, dass es um

---

[2] Vgl. hierzu Hennecke, Christian: *Glänzende Aussichten*, Münster 2011; und ders.: *Ist es möglich?*, Münster 2013.

[3] Vgl. dazu Lukas, Michael: *Joseph Homeyer (1929-2010). Priester – Bischof – Europäer*, Regensburg 2012, 90-93.

viel mehr ging. Es ging nicht um ein pragmatisches Modell, sondern um einen Paradigmenwechsel. Theologisch geht es um Partizipation, um eine Kirche, die aus dem Wort Gottes wächst und die sich ganz verwurzelt im Leben der Menschen, es geht um eine radikale Theologie des Volkes Gottes. Wo immer wir lernen durften, im französischen Poitiers, in Südafrika, Indien und Asien war genau dies der Impuls für einen Neuaufbruch.

Lokale Kirchenentwicklung verstehen

Inzwischen war immer deutlicher, dass im Kontext der Kirchenentwicklung in Deutschland wesentliche Elemente weltkirchlicher Entwicklungen ebenfalls an Bedeutung gewannen und noch weiter gewinnen werden. In dieser Entwicklung pastoraler Orientierung zeigt sich deutlich, welche Weichenstellungen es braucht. Was unter dem Begriff einer Lokalen Kirchenentwicklung zu fassen ist, ist ja ein gestalteter Prozess, der mehrere Vorentscheidungen fällt. Zunächst und vor allem ist er kein Notprogramm, wohl aber ausgelöst durch das Zuendegehen eines Kirchengefüges, das sich an der Versorgung der Gemeinden orientierte: Ohne den empfundenen Mangel an Priestern und Mitarbeitern bräuchte man ja nichts ändern.

Lokale Kirchenentwicklung beginnt mit einem Perspektivwechsel

Es geht um eine neue Weise der Wahrnehmung, die sich nicht an scheinbar normativen Vergangenheiten der letzten 50 Jahre orientiert und somit nur Defizite registriert, sondern eine neue Perspektive ermöglicht: Es wird deutlich, dass Kirche nicht von ihrer institutionellen Verfasstheit, die in der Sakramententheologie gründet, zu denken ist, sondern von ihrer – sakramental ermöglichten – charismatisch-pneumatischen Entwicklung her glaubend wahrnimmt, dass an jedem Ort, in jeder Situation eine Wirkungsgeschichte des Evangeliums und eine Weiterentwicklung des Volkes Gottes zu sehen ist: „Seht, ich schaffe Neues, merkt ihr es nicht" (Jes 43,19). Aber diese Wirkungsgeschichte an jedem Ort zu entdecken, ist eine geistliche Aufgabe des Volkes Gottes – den Weg weiterzuentwickeln, der sich vom Geist her abzeichnet, das verlangt nach Prozessen der Unterscheidung, die zu Prioritäten und konkretem Handeln führen.

Dabei werden unterschiedliche Akzente zu setzen sein, aber auch gemeinsame Orientierungen den Rahmen einer Entwicklung ermöglichen. Grundlegend bleibt dabei, dass es in Zukunft zentral um die Frage gehen muss, wie die Taufwürde der Christen, ihr Anteil am königlichen, priesterlichen und prophetischen Amt Christi und damit ihre Verantwortung für das Kirchesein gestärkt werden kann. Zugleich wird dabei auch deutlich, dass eine solche Option keineswegs die Bedeutung des sakramentalen Dienstamtes bedroht: Das macht deutlich, dass hier neu nachgedacht werden muss über die sakramentale Grundgestalt der Kirche und den Dienst des Priesters am und im Gottesvolk. Zugleich stellen sich viele Fragen, die mit der Begleitung und Förderung der Getauften verknüpft sind, vor allem aber auch mit einer spirituellen Vertiefung des Umgangs mit dem Wort Gottes.

Eine solche Grundlegung der Kirchenentwicklung macht dann aber auch deutlich, dass gerne mit unterschiedlichen Formen des Kircheseins gerechnet werden kann: Nicht nur klassische Gemeindeformen sind weiter zu entwickeln, wir dürfen weiter denken und gestalten lernen, wie auch andere Formen entstehen, die jeweils kontextorientiert sind und von der konkreten Aufgabe und Sendung ihre je spezifische Gestalt annehmen können. Das verweist darauf, dass es nicht zuerst um die Gestalt geht – also etwa Gemeinde versus Kleine Christliche Gemeinschaften, sondern um die umfassende Wahrnehmung der vielen Formen der Communio, die es schon gibt – und die gemeinsam mit neu wachsenden Formen und Gestalten der Kirche (in Lebensräumen, an diakonalen Orten, in Kindergärten, in postmodernen Settings) das Netzwerk kirchlicher Gemeinschaft zeigen, wie es in der Pfarrei verfasst ist (und die jetzt nicht mehr gleichgesetzt werden kann mit einer spezifischen Sozialform). Dies alles hat eine eigene Wachstumsdynamik: Kirche ist im Werden zu denken, im Vergehen und Werden, hat eine liquidere Konsistenz, ist nicht fertig, sondern auf dem Weg. Das bedeutet aber auch ein entsprechendes pastorales Handeln, das sich wegbegleitend, ermöglichend und deutend versteht und das so Orientierung gibt und herausfordert zu weiterem Wachstum.

Eine ökumenische Potenzierung

Lokale Kirchenentwicklung ist dabei wesentlich befruchtet durch die gemeinsame Suchbewegung mit den evangelischen Schwestern und Brüdern: Die Fragen, die uns bewegen, sind dieselben – und auf dem Lernweg entdeckten wir die Erfahrungen postmoderner Ekklesiogenesis, wie sie in der Anglikanischen Kirche gewachsen sind: Die gemeinsamen Studienreisen wie auch der Zukunftskongress Kirche[2] im Jahr 2013 ließen uns entdecken, in welcher Weise Kirchenentwicklung wesentlich ökumenisch und wesentlich sendungsorientiert („Ökumene der Sendung") ist – und mithin lokal[4]. Hermeneutische Leitkategorie wurde für uns die Rede von der *mixed eco-*

---

[4] Vgl. dazu Elhaus, Philipp / Hennecke, Christian / Stelter, Dirk / Stoltmann-Lukas, Dogmar (Hg.) *Kirche[2] – eine ökumenische Vision*, Würzburg 2013.

nomy: Das gemeinsame Wachsen von klassischen Gemeindekulturen und neuentdeckten oder neuwerdenden Kirchenformen verbindet sich mit der Wahrnehmung und Förderung vieler Initiativen, Einrichtungen und Institutionen, in denen sich Kirche zeigt und entwickelt.

Wie geht Lokale Kirchenentwicklung?

Lokale Kirchenentwicklung will gewollt und ermöglicht werden. Deswegen war es für unser Bistum von entscheidender Bedeutung, dass dieser Weg als pastoraler Orientierungsrahmen durch die Kirchenleitung eröffnet wurde. Der Hirtenbrief von Bischof Norbert Trelle aus dem Frühjahr 2011 lud alle Mitchristen dazu ein, den Umbruch der Kirche als Wachstumsdynamik zu erkennen.[5] Im Vertrauen darauf, dass Gott auch heute die Kirche führt, lud er zu gemeinsamen Wahrnehmungsprozessen ein: Was vor Ort im Werden ist, dies sei zu fördern. Orientierende Leitplanken gab er für diesen Weg mit: Die Vielfalt der Kirchengestalt überwindet die monopolartige Fixierung auf die „eine Gemeinde"; er unterstrich dabei, dass Kirche dort wachsen könne, wo Christen sich ihrer Sendung bewusst werden; eine intensivere Spiritualität der Gemeinschaft, wie sie aus dem geteilten Wort Gottes wächst, ermöglicht die Profilierung des gemeinsamen Priestertums und der Gaben des Volkes Gottes, in dessen Dienst das Dienstamt steht. Vielleicht gehört es angesichts der häufig empfundenen Spannungen in der Kirche zu den wichtigsten Aussagen des Briefes, dass der Bischof ausdrücklich sagte, dass er den Christen vor Ort traue, wenn sie Prozesse Lokaler Kirchenentwicklung angehen würden.

Was in diesem Brief steht, klingt gar nicht so neu – und doch sind hier massive Wandlungsprozesse initiiert, die erst einmal einsickern wollen. Das war von vornherein klar. Schon im Vorfeld begannen Initiativen, gemeinsam mit den Christen in den Gemeinden und Dekanaten darüber ins Gespräch zu kommen. Das ist ein langwieriger Prozess – ein neuer Weg braucht seine Zeit. Und das ist nur der erste Schritt.

Wichtig waren und sind Pilotpfarreien, in denen erste Experimente für solche Kirchenentwicklungsprozesse gestartet wurden: Die Förderung von lokalen Leitungsteams[6], ihre Begleitung und ihre Bildung machten deutlich, dass hinter der Rede von der Lokalen Kirchenentwicklung in der Tat ein neues Kirchenverständnis steht.

Dabei wird wesentlich sein, wie es gelingt, Pfarrer und Pastoralteams für diesen Weg zu gewinnen. Das ist nicht so selbstverständlich, denn die gemeinsame Verständigung über Dienst und Aufgabe der Hauptamtlichen ist

---

[5]   http://www.downloads.bistum-hildesheim.de/1/10/3/30379624567559633925.pdf.
[6]   Vgl. http://www.downloads.bistum-hildesheim.de/1/10/4/19962679066715525304.pdf.

eine Herausforderung: Was bedeutet es konkret, wenn es nicht mehr um das „Machen", sondern um „Ermöglichung" geht – was bedeutet es, wenn sich Priester und Hauptamtliche vor allem als „Bildner" der Christen vor Ort verstehen, die dort – aus der Kraft ihrer Taufe – Kirche im vollen Sinn des Wortes sind. Und schließlich: Was meint – im Kontext einer Vervielfältigung von Formen und Orten des Kircheseins – der Dienst an der Einheit?

Als Lerngemeinschaft unterwegs

Das sind nicht nur pastorale Fragen, die hier geklärt werden müssen – sondern auch theologische Grundoptionen geraten in den Blick, und vor allem braucht ein Paradigmenwechsel Zeit für Veränderung auf allen Ebenen: von einer intensiven Bewusstseinsbildung hin zu einem Neuverständnis der Fortbildung und der diözesanen Steuerung. Denn ein Paradigmenwechsel ist kein Reförmchen, sondern eine grundlegende Erneuerung.[7]

Ein solcher Prozess steht an und will begleitet werden. Eigentlich ist er eine „Raumeröffnung": von einer standardisierten Pastoral hin zu einer lokalen Entwicklung. Aber jede „Umkehr" im Denken ist eine Herausforderung: von den Gaben her denken, Leitung neu verstehen, Einheit in Vielfalt als Reichtum sehen, neue Formen des Kircheseins akzeptieren – lokale Kirchenentwicklung ist ohne echte Alternative. Sie ist aber auch deswegen geboten, weil nach der Volkskirche Menschen in neuer Weise zum Glauben kommen und ihn leben werden.

Vielleicht lernen wir auf diese Weise, Kirche zu sein: als katholische – weltkirchliche wie ökumenische – Lerngemeinschaft, die als „ecclesia semper reformanda" sich mutig einlässt auf den Kairòs des Geistes, der auch heute „alles neu" macht.

---

[7] Als kleine Einführung kann dienen http://www.downloads.bistum-hildesheim.de/1/10/4/85028534816641601965.pdf.

MARIA HERRMANN: „MERKT IHR ES NICHT?" – FRESH X UND DIE ÖKUMENE DER SENDUNG

Im Laufe der Zeit findet man sich als Teil eines Projekt wie Kirche[2] immer wieder in Situationen vor, die sich erst im Nachhinein in ihrer Bedeutung erschließen. Dass wir zum Beispiel als ökumenisches Team im Frühjahr 2015 an einem der größten Gottesdienste teilnahmen, die es im Bistum Hildesheim regelmäßig gibt, basierte auf dem Vorhaben, möglichst viel konfessionskundliches Wissen zugänglich und erlebbar zu machen.

Der konkrete Anlass war die sogenannte Chrisam-Messe. Sie wird in der Woche vor Ostern gefeiert und ist im Kirchenjahr der Zeitpunkt, an dem die für die Spendung einiger Sakramente benötigten heiligen Öle geweiht werden. Im Bistum Hildesheim ist dieser Gottesdienst seit einigen Jahren auch bewusst einer, der mit Jugendverbänden und über 2000 Jugendlichen und ihren Familien aus dem ganzen Bistum gefeiert wird. Denn diese finden durch die bevorstehende oder kürzlich empfangene Firmung mit den heiligen Ölen einen ganz besonderen Zugang zur Liturgie der Chrisam-Messe.[1]

Als wir einige Tage nach dem Gottesdienst mit einem Gremium aus dem Bistum zu einem Workshop zusammensaßen, kamen wir wieder auf die Liturgie zu sprechen. Für meine evangelisch-lutherische Kollegin war es ein nachhaltig beeindruckendes Erlebnis gewesen, und sie deutete es uns so: In evangelischen Kontexten gibt es für diesen kalendarisch festgelegten und an das Osterfest gebundenen Gottesdienst mit seiner ekklesiologischen Relevanz für eine gesamte Landeskirche kein Äquivalent.

So viele junge Menschen an einem Gottesdienst zu beteiligen, der Auswirkungen auf das gesamte Kirchenjahr und viele der liturgischen Vollzüge der Diözese hat, stellt sich zunächst als ein rein römisch-katholisches Phänomen dar. Dieses sichtbare Zeichen einer profilierten Konfessionalität beschreibt aber gleichzeitig einen kirchlichen Vollzug, der nicht nur durch die aktive Teilnahme so vieler Jugendlicher eine Besonderheit darstellt. Denn damit ist die Liturgie gleichzeitig auch eine vielfältige Kommunikationsfläche mit missionarischer Strahlkraft.

Im weiteren Gespräch nahmen wir Mitarbeitenden des Bistums, ausgelöst

---

[1]   Sakramental-theologisch, liturgisch und auch ekklesiologisch ließe sich dazu, gerade unter ökumenischer Perspektive, noch vieles ergänzen. Zum Beispiel, dass es mit diesem Gottesdienst auch einen Ort gibt, an dem die Priester der Ortskirche (i.e. eines Bistums) ihr Weiheversprechen erneuern. Doch dies führt an dieser Stelle zu weit, darum soll es mir hier nicht gehen.

durch das ökumenische Hervor-Sagen[2], neu wahr, welche Gelegenheit, welcher Reichtum und Schatz uns mit dieser alten Liturgie der Chrisam-Messe geschenkt wird. Die Herausforderung, bei der uns die Ökumene also hilft, ist, Kontexten auf die Spur zu kommen und unserem Reichtum an Tradition und Sendung zu einer Re-Generation zu verhelfen. Ganz so wie es die Theologen der Anglikanischen Kirche mit dem Begriff der *fresh expressions of church* beschreiben.[3]

Dieses gemeinsame Erleben und Reflektieren ist Schlüsselerlebnis und Wesen unserer ökumenischen Zusammenarbeit bei Kirche[2]. Sie ist geprägt von achtsamer Wahrnehmung und grundlegender Wertschätzung. Einem Hören, das nicht nur auf *missio Dei* und die Zeichen der Zeit gerichtet ist, sondern sich verbunden weiß in einem geschwisterlichen Multilog mit prophetischer Pointe, in einer Zeit, in der Kirche eben jenes Hervor-Sagen dringend nötig hat.

Hierbei lassen sich folgende Kernelemente besonders hervorheben:

Ökumene ist missionarisch

Die ökumenische Bewegung steht an einem Wendepunkt, sie muss inhaltlich und spirituell eine neue Bestimmung erfahren[4]: Ökumene wird als überflüssig empfunden, als eine zusätzliche Last im gemeindlichen und kirchlichen Alltag, wie ein Grabenkampf aus einer anderen Zeit, als babylonische Sprachverwirrung realitätsferner Theologien.[5]

Doch denkbar scheint mir auch, dass wir uns mit der Ökumene heute so schwer tun, weil sie uns zur Umkehr herausfordert, zum Gebet, zur Versöh-

---

[2] Prophetischer Dienst wird häufig verengt auf das reine Vorhersagen von Dingen, die in der Zukunft eintreten (mögen). Der Prophetie im biblischen Sinne liegt jedoch ein viel breiteres Verständnis zu Grunde, nämlich das Hervor-Sagen von Wahrnehmungen bezogen auf die sich zeigende Realität und ihre Folgen. Prophetinnen und Propheten sind berufene Rufer, Heraus-Sprecher, Hervor-Sager. Ökumene hat durch ihren Zugang zu Wahrnehmung und Reflexion eine starke prophetische Komponente. Siehe weiter unten.

[3] Das Adjektiv „fresh" des Begriffs *fresh expressions of church* ist einem Teil der Ordinationsformel in der Anglikanischen Kirche entnommen: „which faith the Church is called upon to proclaim afresh in each generation". Dies zeigt sehr deutlich, dass der Begriff der *fresh expressions* neben der Kontextrelevanz (in each generation) immer auch mit einem Bein auf dem Boden der Tradition steht. Dies vermittelt auch, dass es um keine Innovation um ihrer selbst willen geht, sondern um Re-Generation im Sinne einer Entwicklung des Essentiellen in einer neuen Form.

[4] Vgl. Augustin, George: *Ökumene als geistlicher Prozess;* in: Walter, Peter / Krämer, Klaus / Augustin, George (Hg.): *Kirche in ökumenischer Perspektive,* Freiburg 2003, 522ff.

[5] Vgl. Stelter, Dirk / Stoltmann-Lukas, Dagmar: „*… so sende ich euch".* Eine Ökumene der Sendung. in: Elhaus/Hennecke/Stelter/Stoltmann-Lukas 2013, 468f.

nung, zum Um-Denken.[6] Sie wirft uns in eine herausfordernde Dynamik, die neben einem klarer werdenden Blick auf die eigene Situation auch Horizonte eröffnet und neue Perspektiven aufzeigt.[7] Ökumene hält uns unsere eigene Blindheit in den so zahlreichen „Chrisam-Messen" unseres Alltags vor, welche wir gar nicht mehr als unsere eigenen Schätze wahrnehmen und denen wir somit auch zu keiner Re-Generation der jeweiligen Sendung verhelfen.

Ökumenisches Erbgut kirchlichen Handelns ermöglicht uns im Sinne einer *metanoia* einen achtsamen Umgang mit einem auf die Zukunft der Kirche ausgerichteten und notwendigen Haltungswechsel: Der ökumenische Dialog übt Interesse am Anderen ein, formuliert Fragen und leitet an, wertschätzende Antworten auf Augenhöhe zu formulieren. Ökumene zeigt, wie ernst wir die *missio Dei* wirklich nehmen, und ist Gradmesser dafür, wie wir mit uns und der Selbstsubjektivierung von Kirche und Mission beschäftig sind. Hier gilt es, die Herausforderung der Pluralität anzunehmen, als Geschenk und Gnade zu empfangen und grundlegend mitzudenken.

So gehört die Ökumene nicht aus oberflächlich-kirchenpolitischer Korrektheit, als Rekrutierungsmaßnahme für die vielfältigen Arbeiten im Weinberg der Evangelisierung oder einer Markterweiterung für Soul-Fast-Food Rezepte zum Konzept missionarischer Aufbrüche, sondern ist Prinzip: „Die Einheit der Christen ist [...] kein Selbstzweck, sondern sie hat das Ziel, Zeugnis zu geben von der Einheit Gottes und der Menschheit."[8]

Damit hat die der ökumenischen Bewegung zu Grunde liegende Sehnsucht nach einer Wiederherstellung der sichtbaren und vollen Einheit der Getauften[9] eine missionarische Pointe:

„Die Kirche, die Konfessionen, die aktuellen Kirchengestalten existieren nicht um ihrer selbst willen. Grundfaktum der Ökumene, des Einsseins, ist das gemeinsame Gesandtsein durch Gott, um das Evangelium in Wort und Tat zu bezeugen. Ökumene ist also wesentlich Ökumene der Sendung."[10]

So ist Ökumene immer missionarisch und Mission immer ökumenisch: Beide formen sich von der Sendung her, Sendung durchdringt damit Kirchenbilder und Missionsverständnis. Für Bewegungen wie die der *fresh expressions of church*, welche sich grundlegend missionarisch verstehen, ist damit ein hoher Anspruch formuliert.

Wenn wir uns jedoch mit der Rede von der „mission-shaped church", von kontextualisierter und inkarnatorischer Mission selbst ernst nehmen wollen, wenn uns das Anteilgeben an der Mission Gottes wichtig ist, wenn wir von

---

[6] Vgl. Ut unum sint, 2.
[7] Stelter/Stoltmann-Lukas 2013, 470ff.
[8] Augustin 2003, 541.
[9] Vgl. Ut unum sint, 2.
[10] Stelter / Stoltmann-Lukas 2013, 469.

einer Mischwald- oder „*mixed economy*"-Ekklesiologie sprechen, dann kann das nur in einem Kanon der Vielstimmigkeit geschehen. Denn „die Glaubwürdigkeit unseres Zeugnisses hängt daran, dass wir uns dessen bewusst sind, dass wir nicht einzelne, atomisierte Missionare sind, sondern Glieder einer Gesandtschaft, die zusammengehört."[11]

Ökumene ist existentiell

Wenn Ökumene und Mission sich in dieser Weise wechselseitig bedingen und wir (nicht nur) im Zusammenhang mit unserem Ringen um *fresh expressions of church* und der Ekklesiologie einer „mission-shaped church"[12] davon ausgehen können, dass Mission Wesen der Kirche ist, durchdringt auch der ökumenische Auftrag unser Kirche-sein und -werden. Dieser Auftrag kann dann niemals überflüssig sein und wirft uns damit gleichzeitig auf uns selbst zurück:

„Beim gemeinsamen Gesandtsein bringen die Kirchen ihre jeweiligen Traditionen, Profile und Stärken ein. Sie tun dies nicht als Größen, in denen das Reich Gottes bereits verwirklicht wäre, sondern in der Gewissheit, dass Gottes Reich anbricht, und in der Gebrochenheit, mit der sie an der noch nicht erlösten Schöpfung Anteil haben."[13]

Missionarisch gelebte Ökumene weiß um diese beiden Momente, Gewissheit und Gebrochenheit, welche grundlegende Aspekte christlicher Nachfolge sind, und fühlt sich damit auch verbunden mit denen, die den Glauben verloren haben, mit ihm ringen oder ihm gerade auf die Spur kommen.

„Diese Erfahrung zeigt, dass der ökumenische Prozess sich nicht alleine auf theologisch-wissenschaftliche Bemühungen beschränken kann, sondern von der Lebens- und Glaubenspraxis der Christen als ganzes getragen werden muss."[14]

Die Ökumene der Sendung durchdringt irreversibel unsere Kultur der Nachfolge und setzt dort an, wo wir beginnen uns als Christen zu verstehen: Bei unserer Taufwürde, unserer Berufung und Sendung in die Welt. Sie fragt nach den „Chrisam-Messen" in unserem Leben, nach Osterwochen, nach

---

[11] Ibid., 468.
[12] „Die pilgernde Kirche ist ihrem Wesen nach „missionarisch" (d.h. als Gesandte unterwegs), da sie selbst ihren Ursprung aus der Sendung des Sohnes und der Sendung des Heiligen Geistes herleitet gemäß dem Plan Gottes des Vaters." Vgl. *Ad gentes* 2, *Lumen gentium* 2, *Evangelii gaudium* 19-24 und auch Evangelisches Missionswerk in Deutschland e.V./ Internationales Katholisches Missionswerk missio (Hg.): *Christliches Zeugnis in einer multireligiösen Welt*, Hamburg/Aachen 2014.
[13] Stelter/Stoltmann-Lukas 2013, 472.
[14] Augustin 2003, 524f.

Karfreitag und Ostermorgen, nach Taufe, Firmung/Konfirmation und dem Verständnis von gemeinsamem Priestertum.

Dies geschieht nicht nur in der Gestalt einer fragenden Kollegin, die einer anderen Konfession angehört. Es wird sich automatisch mehr und mehr in jedem ekklesiologischen Diskurs einstellen, sofern man einmal den ökumenischen Haltungswechsel vollzogen hat.

„In diesem Prozess geht es um die religiös-existentielle Ausrichtung auf das Ganze des Christentums. Nur wenn wir das Ganze der Existenz und das Ganze der christlichen Botschaft ernst nehmen, hat die Einheit der Christen ein tragendes Fundament."[15]

Auf diesem Fundament lässt sich gemeinsam Kirche in aller Vielfalt bauen. Gerade im Hinblick auf das Kirche-werden in Kontexten, die das Evangelium noch nicht erreicht hat, kann die Ökumene der Sendung dabei helfen, eine demütige Kultur der Nachfolge einzuüben, die die Initiative ergreift.[16]

Ökumene ist geistlicher Prozess

So sehr Ökumene also missionarisch und existentiell ist, so sehr ist sie geprägt vom Geist, der uns sendet und lebendig macht.

„Wir müssen die Ökumene als einen alle Dimensionen des christlichen Lebens umfassenden geistlichen Prozess verstehen."[17] Das Einlassen auf das gemeinsame Gesandtsein und das Einüben spiritueller Indifferenz[18] im Sinne einer freimachenden Liebe, welche zu allem bereit ist, sind Anfragen, die sich nicht nur punktuell stellen, sondern vielschichtige Dynamiken aufzeigen und anstoßen.

Möglicherweise greifen hier gleichzeitig die großen Problemanzeigen von Ökumene, Mission und Nachfolge ineinander: Im Angesicht sinkender Kirchenmitgliedszahlen, Kasualienvollzugsmeldungen und Steuereinnahmen beginnen wir die zeitlichen Maßstäbe für unsere Statistiken zu verringern, um wenigstens Kontrolle über die Wahrnehmung des vermeintlich bevorstehenden Untergangs zu haben. Wir wenden diese Maßstäbe aber nicht nur beim Beobachten und Reflektieren an, sondern agieren auch mehr und mehr

---

[15] Ibid., 526.
[16] Vgl. *Evangelii Gaudium*, 24.
[17] Augustin 2003, 527.
[18] Indifferenz ist eines der Grundworte ignatianischer Spiritualität. Sie meint keine Gefühllosigkeit, sondern ein geistliches Gleichgewicht, eine Freiheit des Geistes, die immer eine Freiheit ZUR Nachfolge ist, ganz im Sinne des „Ich will dir folgen, wohin du auch gehst" (Mt 8,19). Vgl. Kiechle, Stefan SJ: *Ignatius von Loyola. Leben – Werk – Spiritualität*, Würzburg 2010, 135ff.

danach und geben so ekklesiogenetischen – und ökumenischen und missionarischen – Prozessen nicht die Zeit, die sie brauchen.

Die überhandnehmende Rede von „Projekten" ist hierfür Symptom: Ist Gemeinde-Gründung etwas, das sich ausschließlich mit einer Projektmanagement-Software planen lässt? Nicht selten beschleicht mich der Verdacht, dass wir uns in diesem verkürzenden Handeln in menschlichen (Zeit-)Maßstäben gnadenlos verhalten. Rechnen wir dabei noch mit Gottes Mission?

Wenn wir also Kirchenentwicklung, Gemeindegründung und Re-Generation kirchlichen Seins und Werdens mit geistlichen Prozessen in Verbindung bringen, wie wir es auch in der ökumenischen Bewegung und in persönlichen Erfahrungen der Nachfolge erfahren, dann liegt womöglich ein Schlüssel für die Zukunft der Kirche im Einlassen und Vertrauen auf diese Prozesse. Sie benötigen Zeit und fordern viel von uns. Gleichzeitig machen sie uns achtsam dafür, dass wir Empfangende sind in all unserem Tun, auch und gerade im missionarischen Handeln. In allem sind sie Geistgeschenk, das missionarisch wirkt und uns selbst im Innersten berührt und verwandelt.

Ökumene ist prophetisch

Es sind diese oben beschriebenen, zunächst unscheinbaren Momente in einer ökumenischen Lerngemeinschaft, die nachhaltig Früchte tragen. Nach solchen „Chrisam-Messen" stehen Fragen im Raum, die prophetische Prozesse in Gang setzen. „Wir müssen unsere Tradition in eine Sprache übersetzen, die unser Leben trifft und erhellt und die Hoffnung zu geben vermag."[19]

Daher ist die ökumenische Dimension im doppelten Sinne prophetisch: Im ökumenischen Gegenüber, das Fragwürdiges und Wertschätzendes hervor-sagt. Die auf diese Weise in Gang gesetzte *Dynamik* fordert dazu gleichermaßen den Gefragten auf, sich selbst im Hervor-Sagen zu üben und auf gleicher Ebene in den Diskurs einzusteigen.

Diese Kommunikation ist geprägt vom wechselseitigen und gemeinsamen Prophetentum, das der Ökumene der Sendung seine Ausrichtung in eine Zukunft hinein gibt, und so wird Hoffnung das Schlüsselwort der missionarischen Ökumene.[20] Hoffnung, die uns von unserer Sendung her formt, die uns (be)trifft und die uns den Mut gibt für lange und schwierige Prozesse, wie die der Kirchenentwicklung und Gemeindegründung.

---

[19] Augustin 2003, 546.
[20] Ibid., 547.

Merkt ihr es nicht?

Das Prophetenwort aus Jes 43,19 begleitet mich seit meinem Dienstantritt bei Kirche[2] und dem Bistum Hildesheim: „Seht, ich schaffe etwas Neues, schon sprießt es hervor, merkt ihr es nicht." Es ist die biblische Orientierung der lokalen Kirchenentwicklung meiner Ortskirche, und gilt weit darüber hinaus als mutige Zusage in diesen Zeiten des Umbruchs der Kirchenlandschaft: Neues will entstehen, es bedarf des Paradigmenwechsels, den Wandel anzunehmen und dem Neuen wertschätzend und vertrauensvoll zu begegnen.

Je länger ich mit Kirche[2] unterwegs sein darf, je mehr „Chrisam-Messen" wir in unserer ökumenischen Lerngemeinschaft erleben und reflektieren dürfen, desto mehr bin ich davon überzeugt, dass wir in den kleinen und großen Dingen der Ökumene der Sendung in unsere missionarische, existentielle, geistliche und prophetische Realität gesagt bekommen, was der Prophet im letzten Teil des Verses beschreibt: „Merkt ihr es nicht?" Manchmal sogar buchstäblich.

SABRINA MÜLLER: KIRCHE-SEIN 2017[1]

Die evangelische Kirche feiert bald ihren 500. Geburtstag. Doch damit die Jubilarin weiterhin vital, anziehend und einladend bleibt, muss die Kirche sich in ihrem Sein verändern. Die Church of England macht vor, wie es gehen kann.

Wird Kirche in den Medien, bei Ehrenamtlichen oder an Pfarrtreffen thematisiert, erfährt der Begriff häufig eine Gleichsetzung mit der Ortsgemeinde oder gar dem Sonntagsgottesdienst in einem Kirchengebäude. Kirche ist im landeskirchlichen Kontext nur schwer ortsunabhängig, ohne Pfarrperson und ohne „heilige" Musik zu denken. Die Kirche ist die Verwalterin der Tradition. Wie die Sinus-Studie feststellt, erreicht die Reformierte Landeskirche Zürich[2] ungefähr 2½ der insgesamt 10 Schweizer Milieus. Meist ist die traditionelle Form des Kirche-Seins für Menschen wichtig, welche in bürgerlichen Milieus verankert sind. Der spätmoderne Mensch jedoch strebt nach Wahlfreiheit, Teilhabe und Erfahrungen und lebt in einer Konsumkultur, in der Toleranz und radikale Pluralität wesentlich sind. Zudem ist er kritisch gesonnen gegenüber Wahrheiten mit einem Absolutheitsanspruch, Institutionen und Hierarchien. Er ist jedoch offen für Spiritualität und lebt vermehrt in Netzwerken. So stehen traditionelle Gemeinden in einer immer größer werdenden Spannung von Pluralität, Individualisierung, veränderten Sonntagen und Beziehungsmustern. Auf vielfältige und kreative Weise wird versucht, die Leute wieder auf die Kirchenbänke zurückzuholen, doch häufig vergebens.

Kirche in doppelter Gestalt

Etwas gewagt könnte man behaupten, die Kirchen in Westeuropa stecken in einer Identitäts- und Sinnkrise. So lohnt sich ein orientierender Seitenblick auf die Church of England. Sie ist die Mutterkirche der Anglikanischen Weltgemeinschaft und ringt seit längerem auf kreative Weise mit den gesellschaftlichen Veränderungen. In den letzten zwanzig Jahren durchlebte sie einen Reformprozess ihres kirchlichen Selbstverständnisses. Die Church of England sagt von sich nun, dass sie eine *mixed economy* Church (Kirche in doppelter Gestalt) sei, eine Kirche die sowohl traditionelle Ortsgemeinden als auch *fresh expressions of church* (kontextuelle und frische Aus-

---

[1] Dieser Text erschien zuerst im Magazin 3E, 2/2015, 26-29.
[2] *Lebenswelten, Modelle kirchlicher Zukunft*, Zürich 2012

drucksformen von Kirche wie z.B. Netzwerkgemeinden, Hauskirchen, Kaffee-Kirchen, Interessensgemeinden usw.) fördert. Die *mixed economy* basiert auf partnerschaftlichen Beziehungen und nicht auf innerkirchlicher Konkurrenz. Nur so kann, gemäß der Church of England, eine Volkskirche ihrem eigentlichen Auftrag, mit den Menschen des Landes im Dialog über Gott zu sein und sich ihnen einladend zuzuwenden, gerecht werden. Voraussetzung dafür ist ein offenes Verständnis von Kirche, welches auf der Überzeugung basiert, dass Kirche zuerst ein dialogisches Beziehungsgeschehen zwischen Gott, christlicher Gemeinschaft, Welt und dem weltweiten Leib Christi ist und nicht eine statische Institution, welche über Praxis und Gebäude definiert werden kann. Ein dynamisches beziehungsorientiertes Kirchenverständnis führt dann auch zu einer Rehabilitation des Priestertums aller Gläubigen.[3]

Die Leitidee der *fresh expressions of church*

Die Terminologie *fresh expressions of church* (in Deutschland *Fresh X*) wird für die neu entstehenden ortsunabhängigen Kirchen verwendet. Die frischen Ausdrucksformen von Kirche wenden sich primär den Menschen zu, welche keinen Bezug zu Kirche haben, und möchten relevant für deren Kontext sein. Sie haben eine Geh-Struktur und sind geprägt vom Hören auf Gott und auf die Menschen. Sie wenden sich liebevoll der Lebenswelt anderer zu und verkörpern darin das Evangelium. Sie bergen das Potenzial, in sich eine reife, anerkannte und kontextrelevante Kirche zu werden.

Charakteristisch für eine *fresh expression of church* ist primär nicht ihr Innovationsvermögen oder ihre Neuheit, sondern die Fähigkeit zur Kontextualisierung und Tradierung von Theologie, Ekklesiologie, Tradition und spirituellen Erfahrungen. Ihre Stärke besteht darin, dass sie Tradition in einen Dialog mit dem Kontext bringt und dass daraus Innovation entsteht. Dies führt zu einer vielfältigen kreativen Kirchenlandschaft, welche jedoch tief in der Tradition verwurzelt ist. Zudem ist sie geprägt von einer missionalen Grundhaltung und orientiert sich an der theologischen Figur der Trinität. Durch ihre Ausrichtung am jeweiligen Kontext stehen bei den *fresh expressions of church* keine Modelle im Vordergrund, der Gemeinsinn wird über kollektive Werte wie die Orientierung am Kontext, Missionsbewusstsein, christliche Nachfolge und ein beziehungsorientiertes Verständnis von Kirche gestiftet. 50 Prozent der etwa 3000 *fresh expressions of church* in England wurden von Ehrenamtlichen aufgebaut und werden auch von diesen geleitet.

---

[3] Vgl. Müller, Sabrina: *Fresh Expressions of Church*, in: Kunz, Ralph / Schlag, Thomas (Hg.): *Handbuch Kirchen- und Gemeindeentwicklung*, Neukirchen-Vluny 2014, 450-458.

Auszählungen ergaben zudem, dass 80 Prozent der Mitglieder in keiner traditionellen Ausdrucksform von Kirche dabei wären. *Fresh expressions of church* kommen sehr vielgestaltig daher:

Sorted

Sorted ist eine Jugendkirche im Norden Bradfords, einer sozial schwachen Gegend, welche 2004 in einem Skater Park entstand. Andy Milne, selbst ein Skateboarder und Sozialdiakon aus der Gegend, hatte ein Herz für die „schwierigen" Jugendlichen, und bald schon sammelte sich eine kleine Gruppe um Andy. Zuerst stellte eine Schule der kleinen Gruppe jeden Freitagabend einen Raum zur Verfügung. Immer mehr Jugendliche kamen, sie spielten Fußball, waren auf ihren Skateboards unterwegs und setzten sich mit Gott und ihrer persönlichen Spiritualität auseinander. Heute treffen sich regelmäßig 150 Jugendliche in drei Jugendkirchen zu selbst gestalteten Gottesdiensten, Diskussionsgruppen, Essen und sportlichen Aktivitäten. Sorted erhielt vom Bischof von Bradford den Status einer eigenständigen anglikanischen Kirche.

Diözese Liverpool

Innerhalb der Diözese Liverpool gilt die Ortsgemeinde nicht mehr als alleiniger Standard, und es wird davon ausgegangen, dass Form und Inhalt von Kirche nicht uniform sein müssen. In Liverpool wird eine enge ergänzende Zusammenarbeit zwischen traditionellen und frischen Ausdrucksformen von Kirche angestrebt. Allen Ausdrucksformen von Kirche wird jedoch nahegelegt, dass sie im jeweiligen Kontext verankert sind und die Freuden, Nöte und Sorgen der darin lebenden Menschen kennen sollten. Da diese Grundhaltung in der Diözese schon länger gepflegt wird, konnte eine bunte kirchliche Vielfalt entstehen. Die Ortsgemeinden betrachten *fresh expressions of church* nicht als Konkurrenz, sondern als Ergänzung. So ist es nicht verwunderlich, dass 86% der *fresh expressions of church* durch Ortsgemeinden initiiert und gefördert wurden. Mittlerweile gibt es in der Region Liverpool 78 *fresh expressions of church* . Verglichen mit den 203 Ortsgemeinden machen die *fresh expressions of church* 38% der Kirchen innerhalb der Diözese aus. Die Hälfte der *fresh expressions of church* entstanden in Gebieten, in welchen die Church of England schon seit längerer Zeit keine kirchliche Präsenz mehr hatte. Wie anhand der Prozentzahlen ersichtlich ist, verfolgt die Diözese von Liverpool ihre Vision einer *mixed economy* zielgerichtet und konsequent und schafft Raum für traditionelle und frische Ausdrucksformen von Kirche.

Wie steht es um die Einheit der Kirche?

Es wäre leichtfertig, die Idee einer *mixed economy* zu verwerfen, weil man sie für eine Gefahr für die Einheit der Kirche hält. Natürlich soll kritisch gefragt werden, wo denn *una ecclesia* (eine Kirche) noch stattfindet. Bei der Beantwortung dieser Frage ist es jedoch wichtig, die Funktionen einer *mixed economy* und der übergeordneten Strukturen miteinzubeziehen. Der Gottesdienst am Sonntagmorgen ist nicht eine gemeinsame Kirche, sondern bloß ein Teil davon, und auch die Spannweite des Alters ist keine Garantie für Heterogenität, wie sich in der Sinus-Milieu-Studie in Zürich gezeigt hat. Einheit geschieht dort, wo die Zugehörigkeit zum Leib Christi gefördert wird. Übergeordnete Strukturen wie eine *mixed economy* wirken verbindend, fördern den Dialog, und die Gräben und Lücken zwischen einzelnen Gemeinden, theologischen Strömungen und Denominationen können kleiner werden. Gerade das herausfordernde Konzept der *mixed economy* kann auf die Frage nach der Einheit der Kirche Antworten liefern. Denn sowohl auf regionaler wie auch auf gesamtkirchlicher Ebene stärkt eine *mixed economy* das Zusammengehörigkeitsgefühl. Denn es wird zu netzwerkartiger Zusammenarbeit über örtliche und diözesane Grenzen hinaus ermutigt. Darin zeigt sich EINE Kirche, weil kirchliche Identität nicht mehr durch den Ort, sondern durch die Zugehörigkeit zu einem großen ekklesialen Ganzen gestiftet wird.

Kirche auf dem Stand der Zeit

Im Horizont einer *mixed economy church* verändert sich nicht nur das Kirche-Sein, sondern auch das Pfarramt. Eine *mixed economy* ist geprägt von einer engen partnerschaftlichen Zusammenarbeit von Pfarrpersonen und Ehrenamtlichen. Dies bedingt, dass bei den ordinierten Personen die Bereitschaft vorhanden sein muss, von der Kanzel hinunterzusteigen und den ehrenamtlich Mitarbeitenden auf Augenhöhe zu begegnen. Dazu braucht es eine geteilte Verantwortung, eine große Fehlertoleranz und eine Großzügigkeit, anderes zuzulassen. Zudem muss das Priestertum aller Gläubigen gelebt werden. Pfarrpersonen werden zu Ermöglicherinnen und Ermöglichern, welche Ehrenamtliche und deren Erfahrungen und ekklesiale Vorstellungen als theologisches Gegenüber ernst nehmen. Es bedingt eine Einsicht, dass auch Dinge ihre Berechtigung haben, die der Pfarrperson oder den leitenden Gremien nicht entsprechen, und dass dies keine Konkurrenz sein muss. Eine „*mixed economy*"-Kirche ist nicht perfekt, steht inmitten herausfordernder Entwicklungsprozesse, ringt um Finanzen, kennt menschliche Konflikte, doch sie ist leidenschaftlich. Die da erlebte Passion für Kirche, die Erneuerung des Missionsverständnisses und die gegenseitige Akzeptanz ist keine blinde, unreflektierte Leidenschaft, sondern eine fokussiert dynamische und lernbereite. Sie ist sowohl bei Ehrenamtlichen als auch bei den Angestellten zu finden. Die theologische Einsicht, dass es eigentlich nur Ausdrucksformen von Kirche gibt und sich die äußere Form durchaus verändern kann, liegt hierbei zugrunde. Eine Kirche, welche auf dem Stand der Zeit ist, beginnt bei mir persönlich, bei meiner Dialogbereitschaft und meiner Offenheit, unterschiedliche Ausdrucksformen von Kirche zuzulassen und ernst zu nehmen.

MICHAEL HERBST: WIE DIE KIRCHE ZUKUNFT HAT[1]

Mein Lieblingsspielzeug ist mein iPad. Dieses iPad hat ein hoch interessantes Innenleben. Dort lebt und wirkt Siri, die hilfreiche Stimme aus der Apple-Welt. Man kann sie alles Mögliche fragen, nach dem nächsten Zug, nach einer Telefonnummer, dem Stand der Fußball-Bundesliga – und einiges mehr. Man kann sie aber auch verwirren. Ich habe mich einmal mit Siri „unterhalten" und dachte: Das ist eine gute Gelegenheit, sie etwas besser kennen zu lernen.

- „Was ist der Sinn des Lebens?" – Antwort: „Alles spricht dafür, dass es Schokolade ist." „Nochmal ernster: Was ist denn wirklich der Sinn des Lebens?" – Antwort: „Das kann ich Dir im Moment nicht beantworten. Wenn Du mir jedoch etwas Zeit gibst, schreibe ich ein sehr langes Theaterstück, in dem absolut nichts passiert."
- „O.k., dann versuche ich es so: Glaubst Du an Gott?" Ich gebe zu, das habe ich drei Male gefragt, hier sind die Antworten: 1. „Das frage ich mich auch oft." 2. „Menschen haben Religion. Ich habe nur Silizium." 3. „Ich schlage vor, dass Du Dich mit spirituellen Fragen an jemand anders wendest. Wie wäre es mit einem menschlichen Wesen?"
- Nur auf eine Frage habe ich keine halbwegs brauchbare oder zitierfähige Antwort bekommen: „Hat die Kirche eine Zukunft?" Keine Antwort. Siri fragte nach, meinte, sie habe die Frage nicht verstanden, verwies mich auf die Webseite meiner Kirchengemeinde, Schluss.

Siri ist ratlos, wenn man sie nach der Zukunft der Kirche fragt. Und ich gebe zu: ich im Grunde auch. Das ist vielleicht nicht der klügste Einstieg zu einem Vortrag, in dem der Vortragende genau diese Frage beantworten soll. Aber genau diese Frage hat mir in der Vorbereitung Kopfschmerzen bereitet. Hat die Kirche Zukunft?

1. Kopfschmerzen mit einer Frage

Ich glaube, dass diese Frage nicht nur schwierig ist. Das würde jeder irgendwie einsehen. Ich glaube, dass sie – so gestellt – auch nicht zu beantworten ist. Aus zwei Gründen:

Erstens: Denken wir an alles, was in unseren Ländern unter dem Label „Kirche" läuft, diese Gesamtheit des organisierten Christentums, und fragen

---

[1] Dieser Vortrag wurde am Tag des Landeskirchenforums am 29. August 2015 in Zürich gehalten. Die vorliegende Fassung ist leicht gekürzt.

dann, ob all das Zukunft habe, dann übernehmen wir uns. Ob es die Institutionen noch geben wird, also unsere Landeskirchen, den Religionsunterricht und die Kirchensteuer, kirchliche Sendungen im öffentlichen Radio, theologische Fakultäten, aber auch die Diakonie im Dorf und die Pfarrerin im Pfarrhaus gleich neben der Kirche – das können wir annehmen oder bezweifeln, je nach Haltung auch hoffen oder fürchten. Darum mühen sich viele, die für die Zukunft der Kirche hart arbeiten, ihre Finanzen sichern, ihre Strukturen umbauen, ihren öffentlichen Auftritt verbessern, ihre Gemeindearbeit organisieren, ihren Nachwuchs ausbilden. Und dann kann man sagen: *Wahrscheinlich* wird alles etwas kleiner, etwas bescheidener sein, aber doch lebensfähig. *Hoffentlich* wird es diese ehrwürdige und doch der Zeit verpflichtete große Einrichtung auch in 30, 50 oder 100 Jahren noch geben.

Zweitens: Vielleicht ist aber die Frage noch aus einem anderen Grund schwierig. Könnte diese Frage nicht auch problematisch sein, wenn wir sie isoliert stellen und unsere ganze Aufmerksamkeit der Erhaltung eines großen religiösen Konzerns widmeten? Wenn es uns um die Kirche *um der Kirche willen* ginge? Nach einem schönen Vergleich von Fritz Schwarz ist der kirchliche Konzern nie sein eigenes Thema. Er ist nichts als die Krippe, in der Menschen den Heiland suchen und finden können.[2] Die Krippe ist also kein Selbstzweck.

Wir müssten also fragen: Wird es in Zukunft in der Kirche, wie auch immer sie aussehen wird, das geben, wozu sie da ist? Wird es lebendigen Glauben an Jesus Christus geben? Wird es aufopferungsvolle, kluge, dauerhafte Liebe geben, und zwar unter denen, die dazu gehören, wie zu denen, die nicht dazu gehören? Wird in den Medien, in den Schulen, in der Öffentlichkeit, in der Nachbarschaft etwas vom Evangelium laut, so dass Menschen getröstet, getroffen, verändert, erneuert, ertüchtigt werden?

Ich sage es mit Bezug auf die großen Worte, die wir zuweilen mit dem Stichwort „Kirche" verknüpfen: Werden wir mit Lesslie Newbigin sagen können: Kirche ist „sign and agent and firstfruit" des Reiches Gottes?[3] Noch etwas genauer: Christliche Gemeinden „are to be a sign, pointing men to something that is beyond their present horizon, but can give guidance and hope now; an instrument (not the only one) that God can use for his work of healing, liberating, and blessing; and a firstfruit – a place where

---

[2] Schwarz, Fritz: *Überschaubare Gemeinde. Grundlegendes – ein persönliches Wort an Leute in der Kirche*, Gladbeck, 2. Aufl. 1980, 86: „Die Volkskirche ist nur Krippe für Jesus. Die Gestalt der Krippe ist menschlichen und historischen Zufälligkeiten unterworfen und hat nur darin ihre Bedeutung, dass Gott sich ihrer bedient. Wenn Gott sich aber der Volkskirche als Krippe für Jesus bedient, dann können wir auch für sie dankbar sein."
[3] Newbigin, Lesslie: *The Gospel in a Pluralist Society*, Grand Rapids 1989, 27. Vgl. zur Erläuterung Reppenhagen, Martin: *Auf dem Weg zu einer missionalen Kirche. Diskussion um eine ‚Missional Church' in den USA*, Neukirchen-Vluyn 2011 (BEG 17), 140-145.

men and women can have a real taste of the joy and freedom God intends for us all."[4] Oder ebenso schön mit Martin Luther (im Großen Katechismus): Der Heilige Geist hat „eine besondere Gemeinschaft in der Welt, die die Mutter ist, die einen jeglichen Christen zeugt und austrägt durch das Wort Gottes […], und er erleuchtet die Herzen und feuert sie an, dass sie es begreifen, aufnehmen, daran hängen und dabei bleiben."[5]?

Nicht, dass mit diesen Fragen völlig bedeutungslos würde, ob Kirche als Institution und Organisation morgen auch besteht, aber bestehen soll sie nur, damit in ihr all das entstehen, leben, gedeihen und wachsen kann, was diese großen Worte über die Kirche sagen. Diese Wesensaussagen über die Kirche steuern dann aber auch, was wir im Blick auf Institution und Organisation für wichtig oder unwichtig, für förderlich oder schädlich halten. Und diese Aussagen über die Kirche lenken unsere ganze Aufmerksamkeit auf ganz bestimmte Aspekte des Kircheseins, die uns in besonderer Weise ans Herz gelegt werden.

Ich kann dasselbe auch noch einmal in einer anderen Sprache verdeutlichen. Es gibt einen berühmten TED-TALK des Columbia-Professors Simon Sinek[6]: „Start with why". Sinek vertritt die These, dass große Ideen nicht beim „Was" oder beim „Wie" beginnen, sondern beim „Warum". Sie überzeugen Menschen auch nicht zuerst mit einem „Was", sondern mit einem „Warum". Sinek bietet berühmte Beispiele wie den Erfolg von Apple, den Gebrüdern Wright als Pionieren der Luftfahrt und Martin Luther King. Zu Letzterem haben wir vielleicht am ehesten Zugang. King, so Simek, hat zu 250.000 Menschen in Washington gerufen: „I have a dream!" Er hat nicht gerufen: „I have a plan!"

Anders gesagt: Er hat nicht zuerst von bestimmten Veränderungen, Forderungen, Handlungen geredet, er hat nicht ein „Was" oder „Wie" ins Zentrum gerückt, sondern ein „Warum". Ich habe einen Traum, wie dieses Land aussehen könnte. Das nennt Sinek den „golden circle". Es geht um so etwas wie eine Berufung, einen Sinn, eine Mission. Menschen akzeptieren kein „Was" oder „Wie", wenn sie uns das „Warum" nicht abkaufen. Darum ist es keine gute Idee, mit dem „Was" zu beginnen und vielleicht zum „Warum" durchzudringen. Sinek empfiehlt genau den umgekehrten Weg: „Start with Why"!

---

[4] Newbigin, Lesslie: *A word in season. Perspectives on Christian world missions*, Grand Rapids 1994, 33. Vgl. zum Zitat Martin Reppenhagen 2011, 141.

[5] Amt der VELKD (Hg.): *Unser Glaube. Die Bekenntnisschriften der evangelisch-lutherischen Kirche. Ausgabe für die Gemeinde*, Gütersloh, 6., völlig neu bearbeitete Aufl. 2013, 574, mit Luthers Auslegung des dritten Glaubensartikels im Großen Katechismus (1529).

[6] Vgl. https://de.wikipedia.org/wiki/Simon_Sinek – aufgesucht am 21. August 2015. Vgl. auch Sineks eigene Seite: https://www.startwithwhy.com – aufgesucht am 21. August 2015.

Wir können also über die Zukunft der Kirche von außen nach innen nachdenken: Was alles nötig ist an Pfarrstellen, an Häusern, an Aktivitäten, und wie wir das alles bewerkstelligen können, um dann zu sagen: Ach ja, und übrigens, das ist alles auch furchtbar wichtig! Oder wir können von innen nach außen nachdenken: Jesus hat uns einen Traum vom Reich Gottes in Kopf und Herz gesetzt und wir träumen von einer Gemeinde, die ein Zeichen des Reiches, ein Vorgeschmack des Himmels oder eine Agentin des neuen Lebens sein kann. Übrigens, wir hätten auch ein paar Dinge darüber zu sagen, wie das geht und was wir dazu brauchen.

Ich halte das für mehr als eine Wortspielerei. Viktor Frankl hat einmal gesagt: „Wer ein Warum zu leben hat, erträgt fast jedes Wie."[7] Auch Widrigkeiten. Schwere Zeiten. Dunkle Täler. Und auf unsere Kirchen im westlichen Europa kommt so einiges zu. Wie ertragen wir das? Wie werden wir im Blick auf die Zukunft der Kirche neu ermutigt, vielleicht sogar begeistert. Wir brauchen ein Warum. Auch für die Kirche.

2. Das Warum: Nachfolge

Darum müssen wir dieses „Warum" noch einen Moment genauer betrachten. Das Charakteristische der christlichen Religion besteht schon für Friedrich Schleiermacher darin, dass in ihr alles „bezogen wird auf die in Jesus von Nazareth vollbrachte Erlösung"[8].

Eines Tages kam Jesus auf seiner dreijährigen Wanderschaft durch Kapernaum an den See Genezareth. Matthäus berichtet das so: „Als nun Jesus am Galiläischen Meer entlangging, sah er zwei Brüder, Simon, der Petrus genannt wird, und Andreas, seinen Bruder; die warfen ihre Netze ins Meer; denn sie waren Fischer. Und er sprach zu ihnen: Folgt mir nach; ich will euch zu Menschenfischern machen! Sogleich verließen sie ihre Netze und folgten ihm nach."[9]

Jesus holt die beiden direkt aus ihrer Arbeit und er gibt ihnen ein starkes „Warum" für ihr Leben.[10] Er stellt ihr komplettes Dasein auf den Kopf. Und er verändert damit die ganze Welt. Folgt mir nach und widmet euer ganzes Leben dem einzigen „Warum", das zählt: Liebt Gott von ganzem Herzen und liebt euren Nächsten wie euch selbst. Folgt mir nach, sagt Jesus,

---

[7] Vgl. https://de.wikiquote.org/wiki/Diskussion:Viktor_Frankl – aufgesucht am 21. August 2015.

[8] Schleiermacher, Friedrich: *Der christliche Glaube nach den Grundsätzen der evangelischen Kirche im Zusammenhange dargestellt*, Berlin, 2. Aufl. 1830, §11.

[9] Mt 4,18-20.

[10] Diese Gedanken schließen sich an eine Auslegung von John Ortberg zum Text vom Vision Weekend 2015 in der Menlo Park Presbyterian Church an: „About the why". Vgl. http://mppc.org/speakers-and-presenters/john-ortberg – aufgesucht am 21. August 2015.

und ihr werdet von Grund auf heil, getragen von purer Gnade, erfasst von einer gewaltigen Vision, erfüllt von starker Hoffnung über den Tod hinaus. Ihr werdet die Hungrigen speisen, ihr werdet die Kranken heilen, ihr werdet die Einsamen lieben, ihr werdet den Übersehenen dienen, ihr werdet mit den Verachteten feiern, ihr werdet den Lauf der Geschichte verändern und Lebensgeschichten auf den Kopf stellen, immer eine nach der anderen. Ich sende euch aus, als Menschenfischer. Ihr werdet das nicht als Einzelgänger tun. Ich forme aus euch eine starke Gemeinschaft. Ich unterweise euch. Ich gebe euch Autorität. Ich arbeite an eurem Charakter. Ich zeige euch, wie ihr in jeder Lebenslage zuversichtlich beten könnt. Ich helfe euch, den Willen Gottes zu erkennen. Ihr werdet staunen: ihr, die ihr geistlich arm sein, das Leid der Menschen mitfühlt, nach dem Frieden strebt, nach Gerechtigkeit hungert, für all das viel Widerstand erleidet – Ihr seid zu beglückwünschen. Ihr werdet Repräsentanten des Gottesreiches. Danach strebt, nach nichts strebt mehr als danach. Vater im Himmel sorgt für den Rest. Eure Gemeinschaft ist ein Zeichen und Vorgeschmack des Reiches. Ihr seid meine Agenten – mein Plan A, und ich habe keinen Plan B. Das ist euer „Warum". Das ist das, was ich baue, und die dunkelsten Mächte werden es nicht zerstören können. Jesus sagt nicht: Folgt mir, und ihr seid gerettet. Er sagt nicht: Folgt mir, und es wird euch richtig gut gehen. Er sagt: Folgt mir, und ich werde euch einsetzen, ich brauche euch.

Und sie tun es, die beiden, und kurz danach ihre Freunde Johannes und Jakobus. Und so wird der Staffelstab weitergereicht, durch die Zeiten hindurch, bis heute zu uns. Ihr sucht ein „Warum" für euer Leben und für die Zukunft eurer Gemeinden und der Kirche? Hier ist es: Folgt mir nach, ich will euch zu Menschenfischern machen. Wann ist eine Kirche alt, dem Untergang geweiht und ohne Zukunft: Wenn sie ihr „Warum" verliert. Nicht wenn sie kleiner, ärmer und älter wird, aber wenn sie ihr „Warum" verliert. Wenn sie Jesus aus den Augen verliert und damit die Menschen, zu denen er unterwegs ist, dann wird sie alt und hat keine Zukunft. Wenn sie mit sich selbst beschäftigt und um sich selbst besorgt ist, dann wird sie alt und hat keine Zukunft.

Der Anglikanische Bischof Steven Croft hat es in einer kleinen Auslegung der Bergpredigt ganz ähnlich gesagt: In den tiefen und schmerzhaften Umbauprozessen in der „Church of England" sieht er die Herausforderung, sich nicht daran zu orientieren, wie Kirche früher war oder welche Träume für ihre Zukunft wir haben könnten. Er sieht traditionelle Gemeinden wie *fresh expressions of church* in derselben Herausforderung, tiefer zu graben und nach unserem „Warum" zu suchen. Und dann sagt er: „Letztendlich kann es auf die Frage ‚Wie soll Kirche werden?' nur eine Antwort geben:

‚Mehr wie Jesus.'"[11] Der Bischof leitet seine Kirche, indem er sogar das Missionarische als Höchstwert ablöst. „Ich bete dafür, dass wir uns [...] zu einer Kirche entwickeln, die mehr ist als nur missionarisch. Missionarisch sein ist von entscheidender Bedeutung und es ist wichtig, dass wir diese Lektion beherrschen. Aber sie trägt uns nicht weiter als bis hierher. Meine Hoffnung ist, dass wir unseren Kompass wiederfinden, uns in unseren Gemeinden vom Wesen Jesu formen lassen und ihm mehr und mehr ähnlich werden."[12] So sieht er eine Zukunft für seine Kirche: nicht nur die nächste Zeit zu überstehen, sondern „zu blühen, zu gedeihen und Frucht zu bringen."[13]

Ich sehe hier ein ekklesiologisches Grundmodell: Wie kommen die Dinge in eine rechte evangelische Ordnung? Wie finden wir unser „Warum"? Wie werden wir zukunftsfähig und zugleich nicht hoffnungslos unseren eigenen Bemühungen ausgeliefert? Wenn zuerst Jesus kommt, mit allem was er durch Kreuz und Auferstehung für uns ist, mit der ganzen Vollmacht, die ihm übertragen ist, mit der Nachfolge, in die er uns gemeinsam stellt, und wenn es dann um seine Sendung in die Welt geht, und wenn das unser Kirchesein formt, vom kleinsten Hauskreis über unsere dörflichen und städtischen Gemeinden, bis hin zu den funktionalen Diensten und neuen Ausdrucksformen von Kirche. Erst Jesus Christus, dann unsere Sendung, dann die konkrete Gestalt gemeindlichen Lebens. Erst das „Warum", dann das „Was" und das „Wie".

„Meine Hoffnung ist, dass wir unseren Kompass wiederfinden."[14]

3. „Wer ein Warum zu leben hat, erträgt fast jedes Wie"

Das alles gilt in einer Zeit, die kirchlich durchaus ungemütlich zu werden verspricht. Wir können nicht darauf setzen, dass alles so bleibt, wie es ist, und dass die Kirche im Sinne der Gesamtheit des Christlichen relativ unversehrt auch über die Mitte dieses Jahrhunderts hinaus bleibt, was sie ist, und behält, was sie hat. Aber: Wir haben ein „Warum", wir werden darum auch unter veränderten Bedingungen Kirche sein, wenn auch kleiner und ärmer und in vielerlei Hinsicht anders.

---

[11] Croft, Steven: *Format Jesus. Unterwegs zu einer neuen Kirche*, Neukirchen-Vluyn 2012 (BEG-Praxis), 22.
[12] Ibid., 23.
[13] Ibid.
[14] Ibid.

Im Jahr 2014 erschien eine umfangreiche Schweizer Studie über die Spiritualität der Menschen in der Schweiz.[15] Jörg Stolz und andere haben 2008 und 2009 1.200 Menschen befragt (mit einem Fragebogen, also „quantitativ") und dann noch einmal mit 73 Personen in halboffenen Interviews („qualitativ") gesprochen. Sie beobachten massive Verschiebungen in der Art und Weise, wie Menschen in der Schweiz mit Religion und Kirche umgehen. Dabei haben sie die Ergebnisse so geclustert, dass zum einen die Haltung gegenüber institutionalisierter Religion betrachtet wird (also sozusagen der „Kirchenfaktor"), zum anderen aber die Offenheit für und die Erfahrung mit alternativen spirituellen Anbietern. Und dabei sind vier große gesellschaftliche Gruppen sichtbar geworden, jeweils mit einigen Untergruppen. Spannend für uns sind die Prozentzahlen und noch spannender die prognostizierte Weiterentwicklung:

- Da gibt es zuerst die *Institutionellen*, also Menschen, die wir als kirchlich betrachten, sei es katholisch, sei es reformiert. Sie glauben an einen persönlichen Gott, an das ewige Leben usw. Und sie beten, gehen relativ regelmäßig zum Gottesdienst. Eine kleine Untergruppe, hier die „Freikirchlichen" genannt, lebt den Glauben noch intensiver, sie sind tatsächlich freikirchlich, aber auch evangelikal oder charismatisch ausgerichtet. Insgesamt sind das in der Schweiz 17,5%.
- Daneben gibt es die *Alternativen*, spirituelle Wanderer mit einem weiten Spektrum. Sie glauben häufig an Reinkarnation und suchen Anschluss an die spirituellen Energien, die es hier und dort gibt. Sie glauben an diverse Heilungsmethoden und halten die Natur insgesamt für göttlich. 13,4% der Befragten gehören hierher, nur 2,9% sind aber tief überzeugte Esoteriker mit einem fest gefügten esoterischen Weltbild.
- Die größte Gruppe bilden die *Distanzierten*. 57,4% der Befragten. Sie glauben durchaus an etwas, üben auch unregelmäßig religiöse Praktiken aus, feiern die großen Feste und sehen noch eine gewisse Verbundenheit mit den traditionellen Kirchen. Es gibt etwas Höheres, Gebet könnte helfen, man sollte anständig sein – aber dieser Glaube ist eher eine „fuzzy fidelity", eine sehr unscharfe, nebelhafte Gläubigkeit. Es kann sie übrigens in jede Richtung treiben. Aus Distanzierten können Alternative und Säkulare werden, aber auch *kirchlich* intensiver Verbundene.
- Und dann gibt es noch die *Säkularen*. 11,7% der Stichprobe, eine Minderheit dezidiert, manchmal leidenschaftlich atheistisch, eine etwas größere Gruppe eher indifferent, schlicht unreligiös. Hier lebt man ohne

---

[15] Vgl. zum gesamten Abschnitt 3.1: Stolz, Jörg / Könemann, Judith / Schneuwly Purdie, Mallory / Englberger, Thomas / Krüggeler, Michael: *Religion und Spiritualität in der Ich-Gesellschaft. Vier Gestalten des (Un-)Glaubens*, Zürich 2014 (Beiträge zur Pastoralsoziologie Bd. 16).

religiöse Überzeugungen und Praktiken. Man betet nicht, geht nicht zum Gottesdienst. Das alles ist auch völlig normal und eigentlich keiner Rede mehr wert. In Deutschland, vor allem im Osten, ist diese Kohorte deutlich größer.

Nimmt man übrigens nur die reformierten Befragten für sich, dann verschieben sich die Zahlen noch mehr in Richtung Distanz und Säkularität. Das gleiche gilt, wenn Sie alle jüngeren Befragten von den älteren trennen. Man kann nun einen Trend herausarbeiten, den Stolz und Co. mit dem Begriff des „säkularen Driftens" bezeichnen. Das heißt, die Entwicklung geht nicht in Richtung verstärkter oder erneuerter christlicher Orientierung und kirchlicher Bindung. Der Trend geht in Richtung zunehmender Säkularität. Und es sind nur schwache Bewegungen in die andere Richtung zu erkennen.

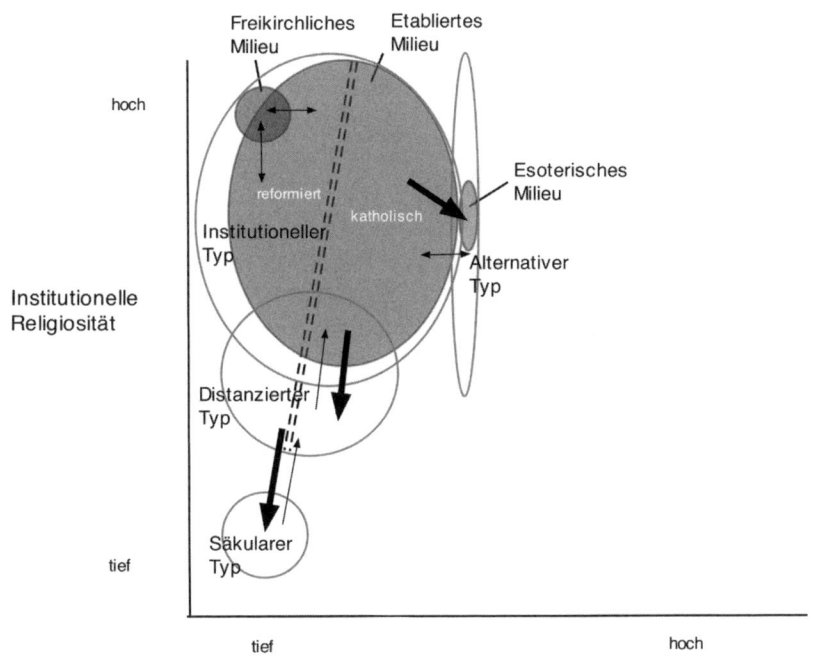

Die Vertretung der Gruppe 1950

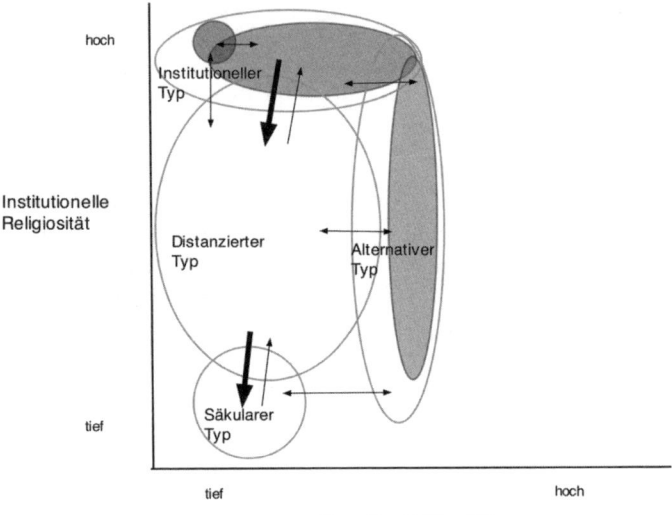

Die Vertretung der Gruppe 2012

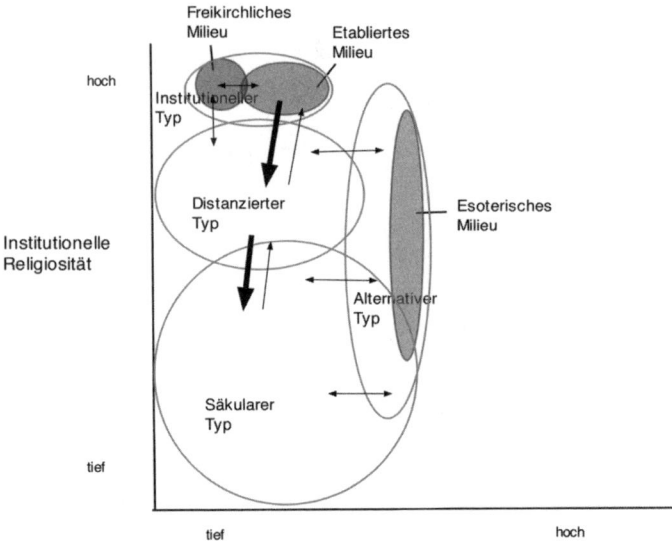

Die Typen 1950, 2012 und 2030
Für 2030 ist von einem deutlichen Schrumpfen der Etablierten und
Distanzierten sowie einem Anwachsen der Säkularen auszugehen.[16]

---

[16] Ibid, 204-205. Die Grafiken wurden mit freundlicher Genehmigung vom Verlag und
von Jörg Stolz zur Verfügung gestellt.

Wenn man also sieht, wie es in der Schweiz 1950 aussah, dann 2012 und vermutlich, wenn alles so weitergeht wie bisher, 2030, dann entwickelt sich die Schweiz zu einem mehrheitlich säkularen Land. Auch die Alternativen altern und generieren nicht mehr nennenswerten Nachwuchs. Also keine vollständige Säkularisierung, es gibt weiter starke, aber kleine christliche und kirchliche Kohorten. Aber Volkskirche im Sinne einer Kirche der Mehrheit sollte man das nicht mehr nennen. Das ist auch Teil unserer Gegenwart und Zukunft. Wir brauchen ein starkes „Warum", um mit dieser Situation richtig umgehen zu können und um auch als kleinere und ältere Kirche wieder aufzubrechen und Jesus in eine neue Zeit folgen zu können. Denn darum geht es jetzt.

4. Vier Aspekte: Gemeinde, die ihren Kompass wieder entdeckt

4.1 Jesus nachfolgen: Gottesdienst und Gebet
Jesus hat die Jünger immer wieder versammelt, ihnen Ruhepausen verordnet, mit ihnen geredet, ihre Sichtweisen korrigiert und ihre Mission erneuert. Er hat ihnen beigebracht, wie sie beten können: Vater unser im Himmel! Er hat sie in die Stille geführt, und er hat ihnen vorgelebt, wie man für seine Seele sorgt, in der Wüste und auf Bergen, im Hören auf Gott, im Gebet. Er hat aber auch mit ihnen gefeiert, gegessen und getrunken.

John Finney gebraucht im Blick auf die gesunde Entwicklung von Gemeinden und Gemeinschaften ein Bild. Einmal hätte er fast ein altes Haus gekauft. Es sah von außen sehr gut aus, bis er das Heizungssystem entdeckte, einen alten, rostigen Boiler, der mit Kohle betrieben wurde. Kleinlaut sagte die Besitzerin: Er tut es nicht wirklich gut. Finney übersetzt:

„Auch die Kirche hat einen Boiler, und der Raum, in dem er sich befindet, ist nicht leicht zu finden, doch seine Wirkung lässt sich im ganzen Haus spüren. Dieser Boiler ist das geistliche Leben der Kirche in Christus – wenn dieses nicht gut funktioniert, leidet die ganze Kirche. Ohne seine Wärme ist die ganze Kirche kalt, abweisend und ziellos. Wenn Menschen sie von außen betrachten, gewinnen sie vielleicht auch den Eindruck, hier wird ihren geistlichen Bedürfnissen nicht begegnet, und sie wenden sich enttäuscht ab. Für die Kirche in Europa wird die Außen-temperatur frostiger – umso mehr müssen wir sicherstellen, dass der Boiler gut funktioniert."[17]

In der Regel des hl. Benedikt heißt es: Dem Gottesdienst ist nichts vorzuzie-

---

[17] Finney, John: *To Germany with Love. Die Evangelische Kirche in Deutschland aus der Sicht eines Anglikaners*, Neukirchen-Vluyn 2011 (BEG-Praxis), 137.

hen.[18] Nichts ist vorzuziehen. Dem Gebet. Dem Hören. Dem Feiern. Dem Austausch. Der Mahlgemeinschaft. Der Anbetung. Dem Trost. Der Buße. Der Fürbitte für die Welt. Dem Segen. Auch in unserem pastoralen Dienst: Nichts ist dem vorzuziehen. Dabei geht es nicht um alte oder neue liturgische Formen und Lieder. Es geht aber darum, dass erkennbare liebevolle Sorgfalt, ein wacher Blick für die Menschen, eine spürbare Erwartung der Nähe Gottes unsere Feiern durchdringen kann.

Die Kirche der Zukunft wird eine gottesdienstliche, eine hörende und betende Kirche sein.

Beim Leadership Summit 2015 in Chicago legte ein Südstaatenpastor (Albert Tate) die Geschichte von der Speisung der 5000 aus.[19] Er konzentrierte sich auf den Jungen mit den zwei Broten und den fünf Fischen. Er schilderte, wie dieser Junge sein Pausenbrot morgens vorbereitet und eingepackt hat. Und dann geht er zu dieser Versammlung. Und plötzlich steht er im Mittelpunkt. Jesus will diese Menschen speisen. Aber es ist nicht genug da. Nur dieser Junge mit dem Pausenbrot. Und Jesus lässt sich von ihm das Pausenbrot geben, und dann tritt dieser Junge beiseite. Und Jesus teilt aus, dass alle satt werden und reichlich Reste bleiben. Und der Junge sieht zu, wie Jesus nimmt und weiterreicht, nimmt und weiterreicht, nimmt und weiterreicht. Und er kommt aus dem Staunen nicht heraus. Albert Tate sagt: Das ist unsere Aufgabe. Es ist eigentlich völlig ungenügend, was wir haben. Aber wir geben es Jesus. Und dann – ein wichtiges Detail: – treten wir beiseite. Wir kontrollieren nicht. Unser Pausenbrot, beiseite treten und sehen, was Jesus macht. Im Gottesdienst und im Gebet ordnen sich die Dinge wieder. Unsere Rolle wird nachjustiert. Jesus, der ja nicht in der Zwischenzeit pensioniert worden ist, macht etwas aus unseren lächerlichen Pausenbroten. Wir sind weder überflüssig noch in der Pflicht, Wunder zu vollbringen. An beides erinnert uns der Gottesdienst, wenn er uns an das „Warum" erinnert und wenn er uns Jesus vor Augen malt und uns unseren Platz wieder zuweist.

4.2 Jesus nachfolgen: Mündiges Christsein fördern

Es klingt fast banal, aber ist es nicht: Als Jesus am See Andreas und Simon berief, da war eine tiefe Überzeugung in ihm zu einer Entscheidung geworden: Ich mache das hier nicht allein. Ich mache das mit einem Team. Ich bilde ein Team. Wenn ich das tue, werde ich viel Zeit investieren, um dieses Team zu formen. Ich werde alles Nötige tun, damit sie wachsen können.

Das Problem vieler Kirchentheorien besteht darin, dass sie kein inneres Verhältnis zu einer tiefen, persönlichen, reflektierten und den Alltag durch-

---

[18] Salzburger Äbtekonferenz: *Die Regel des Heiligen Benedikt*, Beuron, 4. Aufl. 1990, 43,3.

[19] Vgl. Joh 6,5-13.

dringenden Jesus-Beziehung haben. Ohne die wird es aber keine erneuerten Kirchengemeinden und keine lebendigen *fresh expressions of church* geben. Unsere Frage muss nicht nur lauten: Wie finden Erwachsene zum Glauben? Sie muss dann auch lauten: Wie werden Glaubende im Glauben erwachsen? Seit längerem beschäftigt mich diese Frage. Ich sehe auf beiden Seiten hier Defizite. Die „liberale" Theologie ist mit dem „milden Luthertum" zufrieden, das das Leben der Kirchenmitglieder nur an den Rändern berührt. Die „missionarischen" Kräfte haben alle Hände voll zu tun, Kurse zum Glauben und Ähnliches anzubieten. Sie investieren viel in den Weg zum Glauben, aber weit weniger Intentionales in das Wachsen im Glauben. Und da entsteht dann eine Art Boomerang-Effekt, denn unsere missionarischen Bemühungen leben nicht nur von guten Veranstaltungen, sondern vor allem von mündigen, im Glauben erwachsenen Christenmenschen. Sie sind weit eher als wir Pfarrerinnen und Pfarrer „dort draußen", von Jesus beauftragt als Menschenfischer. Dazu brauchen sie aber Motivation, Sprachfähigkeit, unverstellte Zuneigung zu anderen Menschen, Geschick und Mut.

Ich sehe hier zwei dringende Erfordernisse.

Das erste habe ich vor kurzem in einer lutherischen Kirchengemeinde in Illinois noch einmal bewundert.[20] Die Gemeinde ist alles andere als eine Mega-Church. Sie hat starke Werte wie Gastfreundschaft, Gabenorientierung, Teilen der Ressourcen, verschiedene liturgische Formate, ein hoher Stellenwert des Gebets und so weiter. Was die Verantwortlichen in der Gemeinde sich aber vor allem vorgenommen haben, ist eine durchdachte Begleitung der Menschen auf ihrer spirituellen Reise. Sie sind auf diese Spur gekommen, als sie sahen: Da kommen Menschen 10 Jahre zu uns, und im Grunde verändert sich nichts bei ihnen. Ohne einer allzu optimistischen Fortschrittsidee zu verfallen, sagen sie: Es beginnt damit, dass Menschen Jesus begegnen („Meeting Jesus"). Danach fangen sie an, Jesus zu folgen („Following Jesus"). Ihre Beziehung zu Jesus wird enger, intimer, konkreter, lebensverändernd („Keeping close to Jesus"). Und immer mehr werden sie von Jesus geformt und wachsen in die Art des Liebens hinein, die sie bei ihm erfahren haben („Loving like Jesus"). Die Gemeinde beurteilt Menschen nicht und teilt sie nicht in Klassen ein. Aber sie ermuntert zur Selbsteinschätzung: „Wo siehst du dich selbst gerade?" Sie weiß auch, dass es Rückschritte gibt und keine Vollkommenheit im irdischen Leben. Aber für jedes Stadium hat sie etwas in petto: Anregungen für das tägliche Bibellesen und Beten und kurze Kurse zum Wachstum im Glauben, z.B. über das Gebet oder über Geld oder über das Dienen, häufig kurze selbst produzierte Video-Clips mit Berichten, etwas Lehre und Predigt und Anregungen für das Gespräch in der kleinen Gruppe, die dieses Video zusammen betrachtet.

---

[20] Vgl. http://www.churchofatonement.org – aufgesucht am 21. August 2015.

Das zweite berührt die Frage (die mindestens für *fresh expressions of church* überlebenswichtig ist), wie entschieden wir uns tatsächlich von der Pfarrer- und Hauptamtlichenkirche entfernen. Es kommt mir so vor, als würden wir eher die Rolle von Pfarrern wieder aufwerten. Wenn wir z.B. darüber nachdenken, ob Gemeinden selbstständig bleiben oder fusioniert werden, dann ist häufig die Zahl der verfügbaren und bezahlbaren Pfarrer das Nadelöhr, durch das diese Entscheidung hindurch muss. Es scheint uns immer noch undenkbar, dass es auch anders geht: mit mündigen Mitarbeitern vor Ort und einer Pfarrerin in der Region zur Unterstützung der Ehrenamtlichen. Aber auch da, wo es noch den Pfarrer vor Ort gibt, gilt: Wenn es uns wirklich um Gottesdienst und Gebet geht, dann brauchen wir eine Konzentration der Pfarrerinnen und Pfarrer auf diese Aufgabe, für die sie ausgebildet und ordiniert wurden. Im Übrigen muss es unser Ehrgeiz werden, dass möglich viele Christenmenschen in Gemeinde und Gesellschaft dem Ruf in die Nachfolge folgen können, indem sie Gaben einbringen, Verantwortung übernehmen, bis hin zur Leitung. Dann aber müssen wir sie unterstützen und es ihnen nicht auch noch schwer machen – wie bei diesem IKEA-Witz, wo der Bewerber hört: „Make a chair and take a seat."

Liz Wiseman hat in den USA Unternehmen auf ihre Führungskultur hin untersucht und dabei grob zwei gegensätzliche Kulturen wahrgenommen: „Multiplier" und „Diminisher".[21] „Multiplier" sind „servant leaders". Sie wirken geradezu wie Magneten auf begabte Leute. Sie tun alles, damit diese begabten Leute wachsen können und ihre Gaben einsetzen. Sie fordern sie heraus, ihre Komfortzone zu überschreiten. Sie schaffen einen starken Team-Spirit. Und wenn etwas gelingt, sitzen sie gerne im Hintergrund, während der Mitarbeiter gefeiert wird. Es ist nicht schwer, sich im Gegensatz dazu vorzustellen, was ein „Diminisher" tut, ein Minderer. Das Gegenteil: ängstlich kontrollieren, kleinste Dinge selber regeln, peinlich genau alles vorschreiben, allenfalls Aufgaben delegieren, alles besser wissen, besser können. Vielleicht hilft uns das grobe Bild, uns zu fragen: Welche Art von Führungskraft bin ich in meiner Gemeinde – und welche will ich sein?

4.3 Jesus nachfolgen: eine missionarische Wanderung

Der nächste Schritt für eine Gemeinde, die Jesus folgen möchte, besteht nicht darin, jetzt bestimmte Veranstaltungen in ihr Programm aufzunehmen, die das Label „missionarisch" tragen. Damit wir uns nicht falsch verstehen: Ich habe gar nichts gegen Veranstaltungen, und Gemeinden werden auf diesem Weg einiges veranstalten. Ich glaube aber, dass für uns heute wichtiger ist,

---

[21] Vgl. Wiseman, Liz / McKeown, Greg: *Multipliers. How the best leaders make everyone smarter*, New York 2010.

140

eine Art „missionarische Hermeneutik" zu entwickeln, also einen Prozess des Verstehens und Entdeckens.

Ich will es konkreter machen. Wir können natürlich so vorgehen, dass wir z.B. einen sehr gut gemachten Gottesdienst in alternativer Form anbieten, bewerben, die Christen ermuntern, ihre Freunde mitzubringen. Aller Erfahrung nach ist das anstrengend, aber es klappt auch. Wir erreichen damit vor allem Menschen, bei denen wir noch an irgendetwas anknüpfen können, also in der Stolz-Studie die nicht allzu Distanzierten, die kirchlich Etablierten, ein paar von den Alternativen, die eigentlich lieber zur Kirche gingen usw. Das ist schon etwas. Ich sage es deutlich: Es sollte Gemeinden geben, die genau das tun! Aber: Wir erreichen damit nicht wirklich Distanzierte, gründlich Säkulare, überzeugt Alternative.[22] Für sie ist der Sprung zu groß; sie geraten häufig gar nicht in den Blick der Gemeinden und der Christen und diese wiederum stehen für sie nicht „auf der Tagesordnung".

In der Logik der *fresh expressions of church* verfahren wir anders. Wir haben eine missionarische Wanderung vor uns, wenn uns Jesus in die Nachfolge ruft. Dies sind ein paar der Schritte:[23]

1. Zuhören und hinschauen. Das ist eine komplexe Aufgabe. Es geht darum, den Blick nach außen und oben zu richten. Nach außen: Wir fragen nicht, wie unsere Gemeinde erfolgreich überlebt. Wir fragen: Was würde eigentlich in unserem Dorf, unserer Stadt fehlen, wenn es uns nicht gäbe? Was ist das überhaupt für ein Viertel, ein Kontext, eine Nachbarschaft? Wer lebt hier und wie geht es den Menschen hier? Zugleich schauen wir in die Bibel und fragen betend: Herr, wozu hast du uns hierher gesetzt, gerade hierher? Was ist unsere Mission an diesem Ort? In einer Gemeinde in Sheffield hat man beides verbunden und hat einen betenden Spaziergang durch den Gemeindebezirk gemacht und alles genau angeschaut, immer auch mit der Frage: Herr, was siehst du hier?

2. Daraus kann sich etwas ergeben: Wir merken, dass wir genau hier – vielleicht mit anderen zusammen – etwas tun können. Einen Spielplatz sanieren. Einen Besuchsdienst im Altenheim beginnen. Eine Schularbeitenhilfe. Ein Erzählcafé. Eine Eingabe an die Kommune wegen einer Verkehrsberuhigung. Einen Fahrdienst in die nächste Stadt. Eine private Musikschule für Kinder. Was auch immer. Nicht nur *für* andere, *mit* an-

---

[22] Vgl. Moynagh, Michael: *Church for every context. An introduction to theology and practice*, London 2012, 207: Dieses Modell „is unlikely to attract many people who are outside its members' networks and have difficulty in identifying with the congregation's culture. The model also seems to be less effective in reaching people with little or no Christian experience for whom the leap into church is too big."

[23] Besonders entfaltet wird diese „journey" bei ibid., 208-221.

deren. Wir haben gestaunt, als wir Dutzende von innovativen missionarischen Projekten in peripheren ländlichen Räumen angeschaut haben: Sie hatten fast alle ihren Ausgangspunkt in einer diakonischen Initiative.[24] Erlauben Sie mir eine Randbemerkung: Wir sollten hier auf keinen Fall unterschätzen, welchen Anruf Gottes die vielen Menschen darstellen, die als Flüchtlinge und Asylsuchende zu uns kommen. Das ist eine der großen Zukunftsfragen an unsere Gemeinden.

3. So erwächst allmählich Vertrauen und Gemeinschaft. Was für lokale Kirchengemeinden selbstverständlich ist, ist für *fresh expressions* überlebenswichtig: Die, die Jesus hier nachfolgen, müssen da leben, wo die Menschen leben, zu denen sie sich gesandt wissen. Wir teilen das Leben, die „anderen" sind nicht unser Projekt. Wir feiern, lachen, weinen, spielen zusammen, wir sehen uns beim ALDI und auf dem Spielplatz. Wir leiden zusammen mit unserem Fußballclub und leihen uns gegenseitig die Bohrmaschine.

4. Und weil der Glaube zu unserem Leben gehört, und wir das Leben mit Menschen teilen, erzählen wir auch vom Glauben. Wenn jemand durch schwere Zeiten geht, sagen wir ihm, dass wir für ihn beten. Wir laden ihn ein zum Gottesdienst, den wir nicht für ihn anders feiern als sonst, aber den wir immer so feiern, dass er kommen kann, ohne unnötig befremdet zu sein. Wir haben eine starke Sehnsucht, dass die Menschen, die wir lieben, zusammenfinden mit dem Jesus, dem wir folgen.[25] Aber wir brauchen keinen falschen Eifer und wir verbieten uns jede Ungeduld. Wir geben Jesus unser Pausenbrot und dann treten wir beiseite. Er arbeitet ja in den Seelen unserer Freunde. Und wir haben Orte, an denen man erkunden kann, wie das Leben im Glauben aussieht. Wir reden darüber, und wir haben Kurse, in denen wir gemeinsam den Glauben tiefer erforschen. Und die Kirche lernt eine neue Mathematik: nicht die Mathematik des „immer weniger". Wir glauben nicht mehr, dass doch einst alle dazugehörten und jetzt einer nach dem anderen geht.[26] Wir glauben, dass Jesus auf der Suche nach Menschen ist – und wie es in Willow Creek so schön heißt: „One life at a time"[27], jedes Menschenleben zählt, eins nach dem anderen.

---

[24] Vgl. Kirchenamt der EKD: *Freiraum und Innovationsdruck. Der Beitrag ländlicher Kirchenentwicklung in „peripheren Räumen" zur Zukunft der evangelischen Kirche*, Leipzig 2015 (Kirche im Aufbruch Bd. 12).

[25] Nach einem Diktum von John Ortberg.

[26] Vgl. Zulehner, Paul: *Wir sind Teil eines Anfangs. Von der Expertenkirche zu einer Kirche der Laien*, in: Moldenhauer, Christiane (Hg.): *Stationen einer Reise. Beiträge zum zehnjährigen Bestehen des IEEG*, Greifswald 2015, 13f.

[27] Vgl. http://willowcreek.com/ProdInfo.asp?invtid=PR03233 – aufgesucht am 22. August 2015.

5. Und irgendwann merken wir, dass sich etwas Neues ergeben hat: eine originelle und kontextuelle Weise, genau hier an diesem Ort, Kirche zu sein. Gottesdienst feiern, Gemeinschaft leben, den Menschen dienen. Es ist keine Weltneuheit, wir tun kaum etwas, das es nicht auch anderenorts gibt, aber es passt hierher, es fühlt sich richtig an, „eingeboren" und „neu geboren". Unsere Räume, unser Umgang mit Gästen, unsere Spielregeln, unsere Treffen, unsere Dienste, unsere Leitung – es ist hier geboren, an diesem Ort, von Gott geschenkt.

4.4 Jesus nachfolgen: Die Freiheit von/für Strukturen neu ergreifen

Ich möchte gerne als letztes ein Thema aufgreifen, das vielleicht ein bisschen aus der Reihe fällt. Es klingt so sehr nach Organisation. Und das soll es auch.

Im Grunde sind die reformatorischen Kirchen mit einer ungeheuren Freiheit beschenkt. Für das Kirchesein der Kirche ist nur eine äußerst schlanke, eine fast magere Rede von der Kirche notwendig. In der Augsburgischen Konfession (CA VII) sagen wir: Es ist genug, es reicht für die Einheit und Gemeinschaft der Kirchen, also um Kirche von Nicht-Kirche zu unterscheiden, wenn sich Menschen versammeln, die das Evangelium von Jesus Christus hören und es in den Sakramenten feiern. Das ist das Grundgeschehen, durch das der Heilige Geist Glauben weckt und Kirche schafft. Mehr ist nicht nötig. Alles andere ist darum nicht beliebig, aber es kann so gestaltet werden, wie es nötig ist. Alte Formen können sterben. Es gibt notwendige Abschiede. Man kann Neues probieren und man darf scheitern und es neu probieren und dann besser scheitern und irgendwann gelingt etwas. Das ist die evangelische Freiheit, und unser deutsches Reformpapier „Kirche der Freiheit" betont genau diese Freiheit: Strukturen, Organisationsformen, Regeln sind zeitlich, nicht ewig.[28] Wir können beweglich sein und müssen nicht klammern.

Wir könnten beweglich sein, aber wir klammern. Dafür gibt es viele Erklärungsmuster in komplexen Systemen. Claus Otto Scharmer spricht von der Versuchung des Downloading. In Entscheidungssituationen rufen wir ab, was wir immer gedacht, wie wir immer verstanden, was wir immer als Lösung gekannt und darum auch immer entschieden haben. Scharmer nennt das die Beschränkung auf unsere mentalen Reflexe.[29] Nötig sei zuerst einmal eine „Öffnung des Denkens". Georg Schreyögg nennt dasselbe Phänomen „Pfadentwicklung". Mit der Zeit werden Organisationen träge. Sie haben anfangs eine Fülle von Optionen, wie sie handeln können. Aber mit der Zeit reduzieren sie diese durch ihre Entscheidungen und irgendwann sind sie auf

---

[28] Vgl. Kirchenamt der EKD (Hg.): *Kirche im Aufbruch. Schlüsseltexte zum Reformprozess*, Leipzig 2012 (Kirche im Aufbruch. Reformprozess der EKD Bd. 7), 61.

[29] Scharmer, Claus Otto: *Theorie U*, businessbestsellersummaries 383 (2009), 3f. http://www.business-bestseller.com/summary/theorie-u/.

einem festen Pfad. Schreyögg sagt: Das ist ein Lock-in, ein Eingeschlossensein in einer einzigen Lösung.[30]

Kirchlich hat das präzise der Basler Kirchenratspräsident Lukas Kundert beschrieben: Er spricht von einem „positivistischen Kirchenverständnis", das grundlegend „veränderungsfeindlich" sei. Und er analysiert scharf: Nur die Veränderungen der Vergangenheit werden positiv bewertet und in unsere Sicht der Dinge integriert. „Die aktuelle oder zukünftige Erneuerung wird aber als Veränderung der Volkskirche zugleich als ihre höchste Bedrohung wahrgenommen."[31]

Dabei stehen in der Regel soziale Innovationen bereit, wenn Probleme einer Organisation nicht mehr befriedigend gelöst werden.[32] Diese Innovationen entstehen oft eher am Rand, kommen eher von unten als von oben und warten darauf, dass ihre Zeit kommt.[33] Eine ganze Zeit lang harren sie aus – als „Innovationskeimlinge" in der Nische.[34] Ihre Zeit kommt, wenn die Organisation ihnen Raum gibt, Unterstützung, geduldige Experimentierphasen, etwas Geld.

Solche Keimlinge können sich in traditionellen Kirchengemeinden finden, mit unterschiedlichsten Prägungen. Sie finden sich auch in kleinen innovativen Projekten, die sich zunächst unabhängig von der kirchlichen Struktur oder an deren Peripherie bilden. Sie sind häufig fragil und unterversorgt, aber begeistert und kreativ. Oft verbinden sie intensive Gemeinschaft, lebendige Anbetung und einen sehr spezifischen Dienst – an Orten und bei Menschen, die die Kirche nicht erreicht. Wenn sie sich als *fresh expressions of church* empfinden, dann sind sie dezidiert missionarisch[35], immer auf einen Kontext bezogen, wirken lebensverändernd und haben das Potenzial, dauerhaft und verlässlich eine neue Form kirchlichen Lebens darzustellen.[36]

---

[30] Vgl. http://www.wiwiss.fu-berlin.de/fachbereich/bwl/management/schreyoegg/forschung/schwerpunkte/pfadforschung/index.html – aufgesucht am 22. August 2015.

[31] http://www.kirchenbund.ch/sites/default/files/media/pdf/diakonie/dk_141111/2014-11-11_diakoniekonferenz_kundert.pdf – aufgesucht am 21. August 2015, Zitat: 5.

[32] Vgl. Butkevičienė, Eglė: *Social Innovations in Rural Communities. Methodological Framework and Empirical Evidence*, in: *Social Sciences/ Socialiniai mokslai*, Kaunas 2009, 80-88.

[33] Vgl. zu Begriff und Sache: Fleßa, Steffen: *Innovative Theologie – Theologie der Innovation*, in: Matthias Bartels / Martin Reppenhagen (Hg.): *Gemeindepflanzung – ein Modell für die Kirche der Zukunft?*, Neukirchen-Vluyn 2006 (BEG Bd. 4), 154-183. Zur Diffusion von Innovation grundlegend: Rogers, Everett: *Diffusion of Innovations*, New York, 5. Aufl. 2003.

[34] Fleßa 2006, 163.

[35] Im Unterschied zum deutschsprachigen *Fresh X-Netzwerk* behalte ich den traditionellen Begriff des „Missionarischen" bei und ziehe ihn dem Neologismus „Missional" vor, da dieser mehr Erklärungsbedarf auslöst als jener und ich eher jenen „heilen" als diesen einführen möchte.

[36] Vgl. zu den vier Merkmalen: Moynagh 2012, xiv. Im deutschsprachigen Kontext vgl.

Was uns im Augenblick bremst, ist – auf nahezu allen Ebenen des kirchlichen Lebens – das „positivistische Kirchenverständnis". Ich könnte auch sagen: die Sorge, wohin wir denn kämen, das ängstliche Festhalten am Alten, weil wir etwas zu verlieren haben, die (häufig pastorale) Mentalität des „mir san mir", die sich Kirche nicht anders als im Konventionellen vorstellen kann.

Es gibt etwa unter den jungen Menschen, die auszubilden mein Privileg ist, etliche, die bereit sind, etwas zu wagen, und die meisten möchten es lieber in der Kirche als jenseits von ihr tun. Werden wir sie ermutigen, kritisch, aber loyal begleiten und mit dem ausstatten, was sie brauchen?

Dann müssten sich einige Dinge konkret ändern; ich nenne jetzt nur noch zwei, bei denen es vielleicht gerade besonders „hakt":

- In der Aus- und Weiterbildung brauchen wir eine eigene Sparte für pastoral-missionarische Entrepreneurship. Wir arbeiten gerade an einem Modul für Theologiestudierende am IEEG in Greifswald, das junge Theologinnen und Theologen vorbereitet auf kirchliche Start-ups. Sie brauchen eine missionstheologische Grundausbildung, Fähigkeiten im Aufbau von Teams, in der Exegese der Kultur, in Verkündigung vor religiös Ungeübten, im Fundraising, im Bestehen von Konflikten und im missionarischen Beten usw.

- Kirchenleitungen verstehen sich immer mehr als Ermöglicher von Innovation, auf ihre Weise als „Multiplier" und nicht „Diminisher". Sie dulden nicht jede schräge Idee, aber manche. Es war übrigens eine schräge Idee, 5000 Menschen mit einem Pausenbrot zu speisen. Sie loben (wie gerade die Mitteldeutsche Kirche) Projekte aus, die dezidiert nicht der volkskirchlichen Logik folgen, neue Kontexte erschließen, missionarisch sind, auf dem Ehrenamt basieren und sich alternativ finanzieren. Kirche wird sich auf Dauer auf alte, neue Finanzierungen, auf eine Renaissance des Zehnten einstellen müssen – oder dürfen? Im Moment aber sehe ich noch etwas anderes. Lukas Kundert spricht vom „Allokationsdogma", das das kirchliche Geld prinzipienfest nach der Zahl der Köpfe verteilt und nicht nach der zu leistenden Arbeit. Er schlägt vor, neben einer Grundversorgung aller stärker darauf zu schauen, welche Arbeit zu leisten ist und geleistet wird. „Das Dogma der Pro-Kopf-Finanzen ist radikal zu brechen."[37] Unsere Kirchen in Deutschland nehmen gerade so viele Kirchensteuern ein wie noch nie. Die Mehreinnahmen sollen ein Polster bilden für die Zukunft. Das kann im Sinne Josefs sein, der für die sieben mageren Jahre spart.[38] Das kann aber auch im Sinne jenes Knech-

---

http://freshexpressions.de/ueber-fresh-x/was-ist-eine-fresh-x – aufgesucht am 22. August 2015.

[37] Vgl. http://www.kirchenbund.ch/sites/default/files/media/pdf/diakonie/dk_141111/ 2014-11-11_diakoniekonferenz_kundert.pdf – aufgesucht am 21. August 2015, Zitat: 8.

[38] Vgl. Gen 41,33-36.

tes sein, der das anvertraute Pfund vergrub, anstatt mit ihm zu arbeiten, aus Angst und Sorge.[39] Wenn Jesus in die Nachfolge ruft, nimmt er die Sorge und entlarvt das mit ihr verbundene Misstrauen.[40] Beides ist möglich. Vielleicht wäre es ein guter Schritt des Vertrauens, wenn unsere Kirchen für missionarische Aufbrüche in traditionellen und neuen Gemeindeformen – sagen wir: 20% der Mehreinnahmen investierten und dann sagten: Wollen wir doch mal sehen, ob es nicht stimmt, dass wer zuerst nach dem Reich Gottes trachtet, alles andere geschenkt bekommt.[41]

5. Schlussbemerkung[42]

Chemnitz hieß einmal Karl-Marx-Stadt. So lange ist das noch nicht her, und man sieht es auch noch. Es gibt dort ein Viertel, den Brühl. Das war einmal eine Flaniermeile, ist aber nach der Wende ziemlich heruntergekommen. Jetzt versuchen unterschiedlichste Menschen, das Viertel wieder zu beleben. Darunter ist eine kleine Gruppe von Christen. Sie starteten „inspire", eine *fresh expression of church*. Der NDR berichtete darüber in einem Fernsehbeitrag aus Anlass des Stuttgarter Kirchentages 2015.

Was tun diese Christen? Sie leben auf dem Brühl, knüpfen Kontakte. Sie machen mit, wenn der Brühl wieder begrünt wird und Pflanzen gesetzt und gepflegt werden. Sie bringen sich ein in die Initiativen der Anwohner. Barry Sloan, Methodist, Autor, Theologe, sagt: Wir wollen unseren Beitrag leisten zur Belebung des Brühl. Wir wollen keine kleine Parallelgesellschaft der Frommen sein. Keine Subkultur! In ihrem Ladenlokal findet allerlei statt: Am Music Monday werden kleine Konzerte angeboten, oder die Anwohner versuchen es selbst mit einer Jam Session. Es gibt – der Gründer ist Ire! – Whiskey-Verkostungen, Englisch-Kurse für Senioren, Selbermachkurse, gutes Essen, Wein. Und es gibt den Soul Sunday, Gottesdienste, Worship, Verkündigung, Gebet. Man sitzt an Tischen. Acht Menschen gehören zum Team. Sie wollen „Herzen berühren, Menschen bewegen, den Brühl beleben". Dass sie über ihren Glauben reden, ist für sie selbstverständlich. Sie teilen ihr Leben mit den Menschen im Kiez, also auch ihren Glauben, denn der gehört zu ihrem Leben.

Das klingt für mich: missionarisch, kontextuell, lebensverändernd, gemeindebildend. Ist das Kirche? Hat das Zukunft? Jesus geht durch unsere Gemeinden und sagt: Folgt mir nach, ich mache euch zu Menschenfischern, das hat Zukunft.

---

[39] Vgl. Mt 25,24f.
[40] Vgl. Mt 6,27.
[41] Vgl. Mt 6,33.
[42] Vgl. zum Folgenden: http://www.inspire-chemnitz.de – aufgesucht am 22. August 2015.

AUTORINNEN, AUTOREN UND HERAUSGEBER

The Rt Revd **Steven Croft**
Steven Croft wurde im Jahr 2009 zum Bischof von Sheffield geweiht, nachdem er zuvor den Aufbau des „*fresh expressions*"-Team begleitet hatte. Nach 13 Jahren Gemeindeerfahrung als Pfarrer in Ovenden leitete er als Rektor das Theologische Seminar der Church of England in Durham. Seit dieser Zeit publiziert er viel über die Frage, wie die Kirche einen neuen Zugang zu den Menschen finden kann, die überhaupt keine Kontaktfläche mehr zu ihr haben. Steven Croft war von 1996 bis 2002 Mitglied der Steuerungsgruppe der anglikanischen Church Planting-Inititative und ist Co-Autor des Emmaus-Glaubenskurses.

Dr. min. Sandra Bils
Sandra Bils ist Referentin im Haus kirchlicher Dienste in Hannover und als Pastorin der evangelisch-lutherischen Landeskirche Hannovers für Kirche² zuständig. Nach dem Studium in Bethel und Berlin, dem Vikariat in Harsum und einer Zeit im Michaeliskloster in Hildesheim war Sandra Bils im Pastorat und in der Studienleitung des Deutschen Evangelischen Kirchentages tätig. Im Anschluss daran war sie Pastorin in der ev.-luth. St. Nicolaigemeinde in Gifhorn. Seit 2013 arbeitet sie im Haus kirchlicher Dienste in Hannover als Referentin für Kirche². Promotion an der George Fox University im Fach "Leadership and Global Perspectives" zu dem Thema: "Mind the Gap: The Relevance of Contextualization for the Training Course. Fresh X – Der Kurs by Kirche²"

John Finney
John Finney ist emeritierter Bischof von Pontefract und war Vorsitzender der Dekade der Evangelisation in der Anglikanischen Kirche. Von 1993 bis 1998 war er Suffraganbischof von Pontefract in West Yorkshire. Nach seiner Emeritierung war er Assistenzbischof in der Diözese Southwell und Nottingham. John Finney ist Autor mehrerer Bücher zum Thema Evangelisation und Gemeindeerneuerung und gesuchter Gesprächspartner für die Evangelische Kirche in Deutschland.

Prof. Achim Härtner M.A.
Achim Härtner, geboren in Freudenstadt, studierte evangelische Theologie am Theologischen Seminar der Evangelisch-methodistischen Kirche in Reutlingen (1983-1987). Er absolvierte ein Aufbaustudium der Kommunikationswissenschaften am United Theological Seminary, Dayton/Ohio (1987-1988) sowie eine Weiterbildung in Religionspädagogik (1995-1996) an der

Universität Tübingen. Zwischenzeitlich war er als Pastor im Gemeindedienst tätig (1988-1990, 1991-1995).

Seit 1995 ist er Professor für Praktische Theologie (E.-Stanley-Jones Chair of Evangelism) an der Theologischen Hochschule Reutlingen (in Trägerschaft der Evangelisch-methodistischen Kirche).

Seine Arbeitsschwerpunkte sind die Theologie der Evangelisation und der Gemeindeentwicklung, Gemeindepädagogik, Diakoniewissenschaft und Homiletik (kreative Formen der Verkündigung).

Pfr. Dr. Christian Hennecke
Christian Hennecke, in Göttingen geboren, studierte ab 1980 in Münster und Rom Theologie. Zwischen 1992 und 1995 schrieb Hennecke eine moraltheologische Doktorarbeit über Dietrich Bonhoeffer mit dem Titel: „Die Wirklichkeit der Welt erhellen. Ein ökumenisches Gespräch mit Dietrich Bonhoeffer über die ekklesiologischen Grundlagen der Moralverkündigung". Von 1995 bis 2002 war er Pfarrer in Achim. Seit 2001 leitete er den Fachbereich Verkündigung am Bischöflichen Generalvikariat. Von 2002 bis 2006 war er zugleich Pfarrer der Hildesheimer Pfarreien Liebfrauen, St. Georg und St. Joseph. 2006–2014 arbeitete er als Regens des Hildesheimer Priesterseminars. Seit 2015 ist er Leiter der Hauptabteilung Pastoral im Bischöflichen Generalvikariat. Einer seiner vielen Arbeitsschwerpunkte sind Kleine Christliche Gemeinschaften.

Prof. Dr. Michael Herbst
Michael Herbst war nach dem Studium der Ev. Theologie in Bethel, Göttingen und Erlangen Wiss. Mitarbeiter bei Prof. Dr. M. Seitz, Erlangen. Promotion über „Missionarischen Gemeindeaufbau in der Volkskirche". Gemeindepfarrer in Münster, Krankenhausseelsorger in Bethel.

Seit 1996 Professor für Praktische Theologie in Greifswald und seit 2004 Direktor des IEEG. Seine Arbeitsschwerpunkte sind: Evangelistische Verkündigung, Gemeindeentwicklung, Grundsatzfragen des missionarischen Gemeindeaufbaus, Führung und Leitung in der Kirche, Kirchentheorie und verschiedene Bereiche der Seelsorge und der Predigtlehre.

Maria Hermann
Maria Herrmann ist Referentin im Fachbereich Missionarische Seelsorge im Bistum Hildesheim und verantwortlich für das ökumenische Projekt Kirche². Während und nach dem Studium der (katholischen) Diplomtheologie in Würzburg und Salamanca war sie im Bereich digitaler Kommunikationsprozesse, Social Media und Webdesign selbstständig. Zur Zeit arbeitet sie in Freiburg i.Br. an einem Dissertationsprojekt zu einer römisch-katholischen Interpretation der „mission-shaped church"-Ekklesiologie.

Reinhold Krebs

Reinhold Krebs ist seit 1992 Landesjugendreferent des Evangelischen Jugendwerks in Württemberg (EJW). Er war dort für offene und neue Formen der Jugendarbeit zuständig (Jugendcafés, TEN SING, TeenDance, Young Life, Rolling Magazine) und leitete verschiedene Projekte (u.a. _puls, TRAINEE, ChurchNight). Ende der 90er Jahre kam er mit der englischen Church Planting-Bewegung in Kontakt und gründete mit Freunden „Kirche für morgen e.v." Er gehört dem internationalen „Order of Mission" an. Seine Schwerpunkte im EJW sind aktuell Jugendgottesdienste, Junge Gemeinden und *Fresh X*. Reinhold Krebs ist Teil des Vorstandes des deutschsprachigen *Fresh X-Netzwerks*.

Dr. Sabrina Müller

Die Schweizer Pfarrerin Sabrina Müller hat ihre Doktorarbeit über die Ekklesiologie der *fresh expressions of church* verfasst. Bis 2015 war sie Pfarrerin der Reformierten Kirche Bäretswil, zurzeit arbeitet sie an einem Habilitationsprojekt. Sie ist Leiterin des Schweizer *Fresh X-Netzwerks*.

Pfr. Hans-Hermann Pompe

Hans-Hermann Pompe studierte ev. Theologie und war zwischen 1983 und 2000 Gemeindepfarrer in Wuppertal-Heckinghausen. Von 2000 bis 2009 leitete er das Amt für Gemeindeentwicklung und missionarische Dienste (gmd) der Ev. Kirche im Rheinland. Seit 2009 Leitung des ZMiR (Zentrum für Mission in der Region, Dordmund). 2003 bis 2015 Vorsitzender von Missionale Köln, bis 2015 Mitglied der EKD-Synode.

Seine Arbeitsfelder und Themenschwerpunkte sind Missionstheologie, Evangelisierung und praktische missionarische Formate, Veränderungsprozesse, Parochie und neue Formen von Gemeinde.

Pfr. Patrick Todjeras

Pfarrer Patrick Todjeras hat ein Studium der Ev. Theologie in Wien und Los Angeles und ein Studium der Germanistik und Geschichte in Wien abgeschlossen. Danach hat er einen Master of Christian Leadership am Fuller Theological Seminary, Pasadena erworben und das Vikariat in der Evangelischen Kirche Österreich absolviert. Bis 2014 war er Pfarrer in Marchtrenk, Oberösterreich. Seit 2014 ist er Wissenschaftlicher Mitarbeiter am IEEG. Seine Forschungsinteressen sind Evangelium und Postmoderne und Kirchengestalten zwischen volkskirchlichen Strukturen und neuen Gemeindeformen. Er promoviert zu neuen Gemeindeformen (Emerging Church), ist für die Langzeitweiterbildung „Einladend Predigen" verantwortlich und engagiert sich im deutschsprachigen *Fresh X-Netzwerk*.

Pfr. **Markus Weimer** M.Th.

Markus Weimer stammt aus Singen und ist Pfarrer der Evangelischen Landeskirche Baden. Seit 2012 ist er in der Kirchengemeinde Böhringen am Bodensee tätig. Nach dem Theologiestudium in Tübingen, Glasgow (Schottland) und Heidelberg arbeitete er von 2005 bis 2007 als Lehrvikar in Neuenburg am Rhein, danach als Pfarrvikar in Stockach am Bodensee. Zwischen 2008 und 2012 war er Dozent für Praktische Theologie am Albrecht-Bengel-Haus in Tübingen und promoviert über den Transformationsprozess innerhalb der Church of England hin zu einer „mission-shaped church". Markus Weimer hat leitende Verantwortung für das Netzwerk churchconvention. Er ist Teil des Vorstandes des *Fresh X-Netzwerks*.

Carla J. Witt M.A.

Carla J. Witt hat ihr Studium der Soziologie, Psychologie und Politikwissenschaft in Gießen absolviert. Seit 2011 arbeitet sie am IEEG und ist als Empirikerin besonders für die Betreuung von wissenschaftlichen Studien zuständig. Ihre Forschungsschwerpunkte sind dabei die Bedeutung von Kursen zum Glauben für die Entwicklung von Gemeinde und Kirche, die empirische Begleitung des deutschsprachigen *Fresh X-Netzwerks* („Fresh X – Der Kurs") und verschiedene Fragen zum Ehrenamt in Kirche und Gesellschaft.

GLOSSAR

Church of England bezeichnet die Anglikanische Kirche in England. Sie besteht aus 38 selbstständigen Bistümern und zwei Kirchenprovinzen. Von den über 90 Millionen anglikanischen Christinnen und Christen leben etwa 42 Millionen im Vereinigten Königreich. Oberster geistlicher Leiter ist der Primas der Church of England, der Erzbischof von Canterbury.

Fresh expressions of church bezeichnet die missionarische Bewegung, die in Großbritannien ihren Ausgang genommen hat. Im deutschsprachigen Raum hat sich der Begriff *Fresh X* für die Bezeichnung des deutschen Netzwerks und betreffender Initiativen etabliert. Seit dem „Mission-shaped Church"-Report 2004 wurden Initiativen dieser Bewegung folgendermaßen definiert:

„Eine *Fresh X* ist eine neue Form von Gemeinde für unsere sich verändernde Kultur, die primär für Menschen gegründet wird, die noch keinen Bezug zu Kirche und Gemeinde haben."

„Vier grundlegende Merkmale charakterisieren eine *Fresh X*. Sie ist missional: Eine *Fresh X* ist ausgerichtet auf Menschen die noch keinen Bezug zu Kirche und Gemeinde haben.

kontextuell: Eine *Fresh X* ist eine neue Form von Gemeinde für unsere sich verändernde Kultur. Sie will ganz in ein bestimmtes Milieu eintauchen, um Kirche und Gemeinde in einem neuen Kontext Gestalt zu verleihen.

lebensverändernd: Eine *Fresh X* lädt Menschen in die Nachfolge Jesu ein. Persönliche Beziehungen und wachsender Glaube führen zur Lebensveränderung.

gemeindebildend: Eine *Fresh X* hat das Potenzial, eine vitale Form von Gemeinde zu werden. Sie ist kein Projekt auf Zeit, sondern eine neue Form von Gemeinde, geprägt vom Kontext und vom Evangelium."[1]

Pioneer ministers. In England werden sogenannte „pioneer ministers" ordiniert. Das sind Entrepreneure, die nach einem berufsbegleitenden oder vollzeitlichen theologischen Ausbildungsgang außerhalb der parochialen Strukturen arbeiten.

---

[1] Von http://freshexpressions.de/ueber-fresh-x/was-ist-eine-fresh-x/ aufgerufen am 3.9.2015.

Christendom. Dieser Begriff drückt die Verschmelzung der Begriffe „kingdom" (Herrschaft) und „christianity" (Christentum) aus. Damit wird die kulturelle, wirtschaftliche und politische Dominanz des Christentums über viele Jahrhunderte hinweg, besonders in Europa und den USA, bezeichnet.

Church Planting bedeutet übersetzt „Gemeindepflanzung" und meint die Gründung von neuen Gemeinden.

Mission-shaped Church ist ein kirchliches Dokument, welches 2004 als Ergebnis einer jahrzehntelangen Schwerpunktsetzung auf Gemeindepflanzung und missionarischen Initiativen in der Church of England veröffentlicht wurde. Der Titel wurde zu einer wesentlichen Haltung der Anglikanischen Kirche und der *fresh expressions of church*, nämlich, dass die Kirche und ihre Vollzüge „mission-shaped" (geformt von Mission) sein müssten.

Mixed economy (church). Die Formel *mixed economy church* stammt von Rowan Williams, dem ehemaligen Erzbischof von Canterbury. Er führte diesen Begriff ein und ermöglichte damit eine vielseitige Ekklesiologie, die das gewollte und geförderte Miteinander von Ortsgemeinden (parish), Gemeindepflanzungen (church plants) und neuen Ausdrucksformen von Gemeinde (*fresh expressions of church*) umfasst. Die Formel ist in ihrer Prägnanz, Präzision und überzeugenden Kraft schwer ins Deutsche zu übertragen. Versuchsweise wird diese Formel als „Kirche in vielfältiger Gestalt", „Mischwirtschaft", „kirchliche Biodiversität", „Mischwald" oder als „Fluss und See"-Kirche übersetzt. In *mixed economy church* schwingt vieles mit, u.a. die Marktsituation einer Optionsgesellschaft als Chance, wenn Menschen sich das suchen dürfen, was zu ihnen passt; die Freiheit zur Bildung von neuen Gemeindeformen und die Relativität von herkömmlichen Strukturen, die uns sowohl die Bibel als auch unsere Bekenntnistraditionen erlauben; die vielfältige Offenheit einer zukünftigen Gestalt von Kirche, wo Gottes Wirken unserem Erkennen voraus ist; die Freiheit der vielen Experimente und Suchbewegungen, die Menschen in ihrem Kontext und an ihrem Ort erreichen wollen etc.

Missio Dei heißt übersetzt die „Mission Gottes" und bezieht sich darauf, dass Mission trinitarisch, d.h. in Gottes Wesen, begründbar ist. Siehe dazu den Artikel von Patrick Todjeras.

Mission-shaped ministry (MSM) bezeichnet jenen Kurs in *fresh expressions of church*, der Ehrenamtliche dazu anleiten soll, eine missionarische und kontextuelle Haltung zu erlernen. Das Äquivalent dazu im deutschsprachigen Raum ist „Fresh X – Der Kurs".